信頼と情熱

10分で読める
オリンピック・
パラリンピック物語

大野益弘
［編著］

あかね書房

CONTENTS

第1章

4人侍、リオデジャネイロの晴れ舞台

陸上競技

リオ大会

男子リレーチーム

2016年リオデジャネイロ大会　陸上競技男子　4×100mリレー／銀

全員がえがいた夢

２０１６年８月13日。

６人の日本短距離《きょり》選手がリオデジャネイロのオリンピックスタジアムに乗りこんでいた。

24歳《さい》の山縣亮太《やまがたりょうた》（１００メートル自己ベスト：10秒06）。

20歳《さい》の桐生祥秀《きりゅうよしひで》（同自己ベスト：10秒01）。

23歳《さい》のケンブリッジ飛鳥《あすか》（同自己ベスト：10秒10）。

25歳《さい》の飯塚翔太《いいづかしょうた》（２００メートル自己ベスト：20秒11）。

27歳《さい》の髙瀬慧《たかせけい》（同自己ベスト：20秒14）。

30歳《さい》の藤光謙司《ふじみつけんじ》（同自己ベスト：20秒13）。


彼《かれ》らはそれぞれ、同じ夢を持っていた。

「おれがオリンピックで24年ぶりの短距離《きょり》決勝進出者になる」

１００メートルを主戦場とする山縣《やまがた》、桐生《きりゅう》、ケンブリッジの３人はさらに、「おれが日本でだれよりも先に10秒の壁《かべ》をやぶる」と燃えたぎっていた。

４人が力をあわせれば、格段の強さを発揮できる

男子１００メートル予選。

山縣《やまがた》、ケンブリッジは準決勝進出をはたし、もっとも９秒台に近いといわれていた桐生《きりゅう》が予選敗退をした。

準決勝に進んだ山縣《やまがた》は、この大舞台《ぶたい》で自己記録を更新《こうしん》する10秒05をマークし、同時に前回大会で自らがうち立てた日本人最高記録もぬりかえた。

ただ決勝進出はならなかった。

予選では最下位からの追い上げで９秒台の選手たちを打ち負かしたケンブリッジも準決勝で敗退。

９秒台の自己ベストをもつ選手たちが競った決勝は、ジャマイカのウサイン・ボルトの金メダルかくとくで大いに盛り上がった。

男子２００メートルでは、飯塚《いいづか》、髙瀬《たかせ》、藤光《ふじみつ》の3人ともが予選敗退をした。

この種目でもボルトが優勝。

早くも2冠《かん》を達成した。

男子短距離《きょり》での日本選手の決勝進出は、２０１６年大会でも実現しなかった。

個人種目を終えた選手たちは、それぞれに達成感やくやしい気持ちをかかえながら、次の戦い……４×１００メートルリレーに心を切りかえる。

メンバーに選ばれたのは、山縣《やまがた》、桐生《きりゅう》、飯塚《いいづか》、ケンブリッジの４人。

２００８年北京大会で「チーム朝原」が日本男子トラック種目初のメダルかくとくをはたしたことで、４人が力をあわせれば格段の強さを発揮できることは証明済みだ。

そして今大会の日本選手たちは、８年前のチームよりもさらに近くに世界のトップを見すえていた。

リレーでのメダルはもはや夢ではない

２００８年北京大会当時。

リオ大会　男子リレーチーム

4人はすでに陸上人生を歩みはじめていた。

歴史的快挙の瞬間《しゅんかん》を、リアルタイムで観て強烈《きょうれつ》におぼえている。

だからリレーでのメダルかくとくは彼《かれ》らにとってはもはや夢ではない。

現実の目標だ。

「おれならもっとやれる」

子どものころからそう思って走ってきた。

広島県出身の山縣亮太《やまがたりょうた》。

山縣《やまがた》は中学生のころから年代別日本記録を更新《こうしん》。

陸上短距離《きょり》界のエースとして注目されつづけてきた選手だ。

むだのない美しいフォームは関係者の間でも評価が高く、ばつぐんのスタートダッシュは一番の持ち味だ。

彼《かれ》はコーチまかせではなく、みずからの頭で走りを研究し、記録をのばしてきたことにプライドを持っている。

いったん考えだすと自分の世界に入って周囲のものが目に入らなくなり、集団行動からはずれがちになる。

だがそれはたいしたことではない。

２０１２年ロンドン大会で山縣《やまがた》は10秒07の日本人オリンピック最高記録をだす。

彼《かれ》は、９秒台をもっとも期待される選手だった。

リオデジャネイロ大会の、３年前までは。

山縣《やまがた》はライバル出現に奮起する

２０１３年。

山縣《やまがた》の目の前で、３学年も下の17歳《さい》の選手が10秒01を記録した。

その選手、桐生《きりゅう》祥《よし》秀《ひで》は２年後、参考記録とはいえ９秒87をマーク。

そのころ腰《こし》を痛めるなど故障がちで、記録ものばせずにいた山縣《やまがた》にとって、このライバルの出現は大きなショックだった。

万全な状態ならば桐生《きりゅう》にも勝つ自信があったが、１人でコンディションを万全に保つには限界がある。

苦しむ山縣《やまがた》に、友人や関係者からサポートの手が差しのべられた。

山県《やまがた》は奮起して体をきたえなおす。
リオデジャネイロの舞台《ぶたい》でまずは自己記録更新《こうしん》という結果を出した。

桐生《きりゅう》に刻みこまれた、９秒台の感覚

桐生《きりゅう》祥秀《よしひで》は、やんちゃなサッカー少年だった。
中学校に入ってから陸上をはじめた。
中学３年生のときに１００メートルで10秒台をだす。
高校３年の春に10秒01を記録し、日本じゅうにその名を知られる有名人になった。
高校生にして「日本初の９秒台」の期待を背負った彼《かれ》は、その後のびなやんだ。
国内外の大会に招待され、走る舞台《ぶたい》はどんどん大きくなっていった。
だが、結果を出せない日々が続く。
有名人ならではの周囲からの雑音が桐生《きりゅう》の集中を乱す。
たびかさなる故障も彼《かれ》をなやませた。
元オリンピック選手の土江《つちえ》寛裕《ひろやす》コーチとの二人三脚《きゃく》で走り方を改良。

２０１５年３月29日に「幻《まぼろし》の９秒87」を記録した。アメリカのテキサスで、オリンピックのメダリストたちをおさえてトップでゴールした結果だ。

追い風のため公式記録にはならなかったが、桐生《きりゅう》の体の中に、９秒台の感覚はしっかりと刻みこまれた。

その後、大きなケガに見まわれて走れない期間もあった。

だがその日々はそれまで気分次第で動くことの多かった桐生《きりゅう》に、地道に自己管理をすることの大切さを学ばせた。

２０１６年６月の日本選手権では、泣くほどくやしい思いも味わった。

だれよりも自分自身が納得するまで徹底《てってい》的にトレーニングをつみ、桐生《きりゅう》は「日本最速」を証明するためリオの地をふみしめたのだ。

どんなハプニングも楽しめる飯塚《いいづか》

１８５センチの長身でダイナミックに走る姿は、「和製ボルト」の異名をとる。

リオ大会　男子リレーチーム

２００メートル種目の選手からただ１人メンバーに選ばれた飯塚翔太《いいづかしょうた》。

彼《かれ》は、日本人初の世界ジュニア選手権の短距離《きょり》金メダリストだ。

ジュニア世代で頂点に立ったあと、彼《かれ》は積極的に海外の大会に参加し、見聞を広げながら経験をつんだ。

どんなハプニングも面白がってうけ止められる、飯塚《いいづか》の明るさと落ち着き。

これは、世界でのさまざまな体験のたまものだ。

山縣《やまがた》や桐生《きりゅう》ら年下の選手からも慕《した》われ、兄貴分としてチームに不可欠な存在となっている。

記録の面では、飯塚《いいづか》も苦しみのときを過ごしてきた。

世界ジュニア選手権以降、表彰《ひょうしょう》台は遠のいた。

２０１２年ロンドン大会では２００メートルとリレーに出場したが、どちらもくやしい結果だった。

ケガにもなやまされた。

だがつまずくたびに自分の体と向き合い、弱点を克服《こくふく》して強くなった。

そして２０１６年の春。

日本歴代２位となる２００メートル20秒11をマーク。

上がり調子でリオに乗りこんでいた。

ボルトの祖国で武者修行したケンブリッジ

ケンブリッジ飛鳥《あすか》は、他の３人にくらべると少し遅咲《おそざ》きの選手だ。中学で陸上をはじめ、高校ではインターハイや日本ジュニア選手権などを制して注目をあびたが、たびかさなるケガによってなかなか日本代表として世界の舞台《ぶたい》をふむことができなかった。

しかし、マイペースなケンブリッジは地道にトレーニングをつみ、自信をはぐくみながら大学の４年間を過ごす。

２０１４年には父親の母国であるジャマイカに留学して、ボルトの在籍《ざいせき》する陸上クラブの練習に参加した。ちょうどボルトは不在だったが、ロンドン大会のリレー金メダリストの選手たちとともに過ごすことで大きな刺激《しげき》をうけた。

そこで自分の筋力不足を実感した彼《かれ》は、筋肉を増やすトレーニングにはげみ、バランスよく体をきたえた。

故障も減っていき、目指す走りが形になりだした。
自己最高記録は、10秒10にまで縮まった。

代表選考会

2016年6月、リオデジャネイロ大会代表選考をかねた日本選手権。
決勝のスタートラインに、山縣《やまがた》、ケンブリッジ、桐生《きりゅう》が並んだ。
号砲《ごうほう》が鳴り、左の山縣《やまがた》がいち早く飛びだす。
次に右から桐生《きりゅう》が出てきた。
ケンブリッジも加速する。
桐生《きりゅう》がのびを欠いた。
山縣《やまがた》はまだ先頭を走っている。
ゴール直前で、追いすがるケンブリッジが体を前にたおす。
3人はそろって電光掲示板《でんこうけいじばん》を見つめる。
掲示板《けいじばん》に表示された順位は、ケンブリッジ飛鳥《あすか》、山縣亮太《やまがたりょうた》、桐生祥秀《きりゅうよしひで》だった。

4人の侍《さむらい》　最強の布陣《ふじん》

スタートじまんの山縣《やまがた》が一走。

バトンの経験が豊富で持久力のある飯塚《いいづか》が二走。

カーブでも全速力を維持《いじ》できるパワーをもつ桐生《きりゅう》が三走。

後半の走りに強いケンブリッジがアンカー。

リレーで最速の結果をだすために考えぬかれた走順だ。

バトンパスの方法は、日本リレー伝統のアンダーハンドパス。

うけわたしのリスクは高いがパスをうけたあとに加速しやすい。

今大会のチームは、練習で一度もバトンパスの失敗をしていなかった。

「自分がおもいきり出ても、前の走者は絶対にバトンをわたしてくれる」

「自分は何が何でも、次の走者にきちんとバトンをわたす」

おたがいはしのぎをけずるライバル同士。

だからこその信頼《しんらい》関係だ。

競技をはなれれば、いっしょにゲームをして楽しむ仲でもある。

個人種目を終えた後は、ともに過ごす時間も長くなっていた。

最年長の藤光《ふじみつ》が率先して、選手全員がともに過ごす機会をつくった。

気持ちをあわせて向かうことで、メダルという共通の目標がより近くなる。

藤光《ふじみつ》と同じくメンバーから外れた髙瀬《たかせ》も、４人にアドバイスを送る。

万が一メンバー交代の必要が生じたときにそなえて気持ちを切らすことなく自らの練習をつづけた。

決勝で出てくるベストメンバー

８月18日。

若干空席の見えるリレー予選の会場で、４人は日本記録を０秒35も縮め、アジア記録をもぬりかえる37秒68の走りを見せた。

アメリカに次ぐ第２位での決勝進出だが、うかれている者はいない。

勝負はここからだ、と全員が思っていた。

上位を予想されているチームは、決勝ではじめてベストメンバーを組む。

９秒台の選手たちがそろう。

予選とはまるでちがう走りを披露《ひろう》するはずだ。

侍《さむらい》、刀をぬく

８月19日、午後10時。

満員のスタジアムで、はなばなしい競技セレモニーがはじまった。

第１レーンのチームから順々に競技場に姿をあらわす。

この大会までの２０１６年シーズン世界最高タイムを持っているイギリス。

開催《かいさい》国のブラジル、陸上大国アメリカ、前回大会金メダルチームのジャマイカ。

そして５番目に、ひとまわり体の小さな若者たちがあらわれた。

笑顔で横一列に並んだかと思うと、それぞれ右腕《みぎうで》を反対側の腰《こし》の位置から勢いよくふり上げてみせる。

４人で相談して決めた、侍《さむらい》が刀をぬく動作だ。

すでに競技のことで頭がいっぱいになっていた山縣《やまがた》がワンテンポおくれたが、パフォーマンスは観客の笑顔と拍手《はくしゅ》をよんだ。

反応速度０秒１４４の山縣《やまがた》

お祭りのふんいきは、ほどなくして痛いほどに張りつめた静寂《せいじゃく》にとってかわられる。

第一走者がスタートラインに立った。

山縣《やまがた》が持つバトンの色は緑。

号砲《ごうほう》がひびいた。

強豪《きょうごう》国の黒人選手たちに混じって、反応速度０秒１４４という一番のスタートを見せたのは山縣《やまがた》。

追ってくる強豪《きょうごう》を気にせず二走の飯塚《いいづか》を見ることだけに意識を集中させた。

コーナーを曲がってくる彼《かれ》を確認して走り出した飯塚《いいづか》に向かい、トップを争う順位でバトンを持った手をのばす。

「はい！」

山縣《やまがた》の声に反応して飯塚《いいづか》の後ろ手があがる。

次の瞬間《しゅんかん》、山縣《やまがた》は息をのんだ。

２人の間隔《かんかく》がつまりきらなかったため空ぶりしたのだ。

もう一度。

届かない。

決勝でよりよいタイムをだすために、予選よりも二走の走り出しを早めた。

それが裏目に出たか……。

ここでわたらなかったら失格だよな。

最悪の想像が頭をよぎった。

そのとき、飯塚《いいづか》の手がバトンをひっつかみ、うばい去っていった。

ほんの１、２秒のできごとだった。

飯塚《いいづか》はこの間、一切加速をゆるめなかった。

山縣《やまがた》からのバトンは絶対にわたると信じたからだ。

バトンを手にしてからは、無心になり、動物のような感覚で走れている自分を感じていた。

先頭争いを演じながら、三走の桐生《きりゅう》に向かっていく。

外側のヤツら、全員ぶちぬく！


桐生《きりゅう》がスタートした。

二走と同様、三走も予選より走り出しを早めた。

決勝で気持ちが入った桐生《きりゅう》。

予選とはくらべものにならない爆発《ばくはつ》的な加速をみせている。

練習時のように間合いをはかるよゆうはない。

「はい！」

飯塚《いいづか》はにげていく桐生《きりゅう》に向けてけんめいにバトンをのばす。

転んでも、わたす。

強い思いは通じた。

バトンをうけとった瞬間《しゅんかん》、そして走っている間のことを桐生《きりゅう》はほとんどおぼえていない。

外側のヤツら、全員ぶちぬく。

彼《かれ》の頭にあったのはそれだけだ。

カーブをまるで直線コースのような速さで突《つ》っ走る。

ジャマイカの選手とトップを争いながら、アンカーのもとへ。

ケンブリッジは、これまでのレースの様子をすべて見ていた。

一走・二走間のバトンパスが少々のびたほかは、最高の走りができている。

ほとんど1位で、自分にバトンが回ってくる。

来た来た来た……!

タイミングを見計らってスタートした。

大観衆の歓声《かんせい》のなか、意識をとぎすます。

桐生《きりゅう》の「はい!」という声だけが、頭にするどくひびいた。

バトンをうける。

3人の走りのエネルギーがバトンから伝わってくる。

ひとつ内側のレーンでは、ほぼ同時にボルトがバトンをうけ取っていた。

その直後。

彼《かれ》が左手に持ったバトンと、ボルトが右手に持ちかえたバトンとが、ぶつかった。

「やべっ」と姿勢をくずすケンブリッジ。

おどろいたようにケンブリッジに目を向けるボルト。

だがケンブリッジはあせらず、力まず、リズムを立て直す。

史上最高のアスリート、ボルトの加速に食らいつくことはさすがにできない。

後ろからは、9秒台の記録を持つアメリカとカナダの選手が猛烈《もうれつ》に追い上げてくる。

日本、アメリカ、カナダの3選手によるしれつな銀メダル争いはラスト20メートルで日本とアメリカにしぼられる。

なだれこむようにゴールした2選手の頭上で電光掲示板《でんこうけいじばん》がタイムを知らせた。

日本記録をぬりかえての、銀メダル

「JAPAN　37・60　USA　37・62」

まるでバトンをわたしてからもレースをつづけていたような速さと勢いで、桐生《きりゅう》がケンブリッジにぶつかってきた。

山縣《やまがた》と、少しおくれて飯塚《いいづか》も加わり、笑顔の輪がはじける。

ふたたび日本記録をぬりかえての、銀メダルだった。

短距離《きょり》陸上は、戦国時代へ突入

短距離《きょり》種目の基本は、個人競技だ。
戦いが終われば選手たちは個人の世界へともどっていき、それぞれの目標にいどむ。

２０１７年９月９日。
桐生祥《きりゅうよし》秀《ひで》が、日本学生陸上競技対校選手権大会で、９秒98を記録した。
19年ぶりの日本記録更新《こうしん》。
最初に９秒台のとびらを開いた日本選手は桐生《きりゅう》だった。

２０１９年５月にはサニブラウン・アブデル・ハキームが、７月には小池祐貴《こいけゆうき》が、
つづけざまに９秒台を記録した。
今、日本短距離《きょり》界は史上かつてない最速時代をむかえている。
２０２０年東京大会には、はたしてだれが出場し、どんな戦いがおこなわれるのか。

そして、その次の大会ではだれが。
記録とメダルへの挑戦《ちょうせん》からは、目がはなせない。

【参考文献】

『四継　リオ五輪、彼らの真実ＳｐｏｒｔｓＧｒａｐｈｉｃＮｕｍｂｅｒｂｏｏｋｓ』宝田将志（文藝春秋）２０１７
『10秒00の壁を破れ！　陸上男子１００ｍ若きアスリートたちの挑戦』高野祐太（講談社）２０１６
『チームでつかんだ栄光のメダル――陸上男子４００ｍリレー　山縣・飯塚・桐生・ケンブリッジ』本郷陽二（汐文社）２０１７
『陸上競技マガジン２０１６年５月号～11月号』（ベースボール・マガジン社）２０１６
『月刊陸上競技２０１６年５月号～10月号』（講談社）２０１６
『心にのこるオリンピック・パラリンピックの読みもの　別巻』（学校図書）２０１７

第2章

ワイキキの少年サーファーがオリンピックで金メダルを獲得

競泳

デューク・カハナモク

１９１２年ストックホルム大会　競泳男子　１００ｍ自由形／金、８００ｍリレー／銀
１９２０年アントワープ大会　競泳男子　１００ｍ自由形／金、８００ｍリレー／金
１９２４年パリ大会　競泳男子　１００ｍ自由形／銀

水の王者とハワイの英雄《えいゆう》

ハワイ、オアフ島ワイキキビーチ中心部から少し東へ歩いたところ。

そこに、海を背にしてサーフボードとともに立つ１人の男性の銅像がある。

「サーフィンの父」とよばれたデューク・カハナモクだ。

オリンピックにも３大会出場。

水泳で金メダル３個と銀メダル２個をかくとくしている。

はじめてのオリンピックは１９１２年のストックホルム大会。

21歳《さい》で水泳に初出場し、金メダルをかくとく。

その後、１９２０年アントワープ大会でも金メダル２個にかがやき、１９２４年パリ大会でも銀メダルを手にしている。

アメリカ水泳陣《じん》が「水の王者」とよばれるようになるきっかけを作ったのが、カハナモクである。

そして彼《かれ》は、ハワイの英雄《えいゆう》でもあった。

アメリカ合衆国への併合《へいごう》
ハワイ王国の遊び

生まれたのは１８９０年のハワイ。

現在のホノルル・ダウンタウンのほぼ中心だ。

当時のハワイはアメリカ合衆国ではなく、ハワイ王国だった。

育ったのはワイキキビーチの西のはずれ。

現在は大きなヒルトンホテルが建っている。

近くの砂浜は「デューク・カハナモク・ビーチ」とよばれている。

小さいころからワイキキビーチで育ったデュークにとって、海は遊び場であり生活の場だった。

１８９８年、ハワイはアメリカ合衆国に併合《へいごう》され、アメリカの準州となる。

西洋の文化や習慣がおしつけられるようになり、それまで裸足で暮らしていたハワイの少年たちも、くつをはかなくてはいけないようになった。

だが、海では裸足で過ごせる。

デュークは毎日、カヌーやサーフィンで遊んでいた。

サーフィンは、はるか昔からハワイのひとびとに親しまれてきた海の遊びだった。

15歳《さい》のときにハイスクールを中退

温暖な気候と美しいビーチのハワイ。

このころから、観光地として注目されるようになる。

アメリカ本土からは大型客船でたくさんの観光客がおとずれ、それにあわせて次々とホテルが建設された。

その観光の中心となったのがハワイ王朝の保養地だったワイキキである。

15歳《さい》のときにハイスクールを中退したデュークは、毎日のようにワイキキビーチで遊んでいた。

彼《かれ》らは「ビーチボーイ」とよばれ、アメリカ本土から来た観光客をカヌーに乗せてこづかいをもらっていた。

ときにはサーフィンの技を見せたり、水泳を教えたりした。

ちなみに、このころのサーフボードは長さが身長の2倍近くあるロングボード。

現在主流になっているショートボードのように細かいターンをしたり、波の面を駆《か》け上がってすべり降りたり、宙に舞《ま》い上がったりなどということはしない。

ボードの上を歩いたり、ボードの先端《せんたん》近くに乗ったりするのがおもなテクニックだ。

デュークは大きくて重いサーフボードをいともたやすくあつかっていた。

当時の泳法

当時は水泳の泳法も現在とは異なっていた。

オリンピックの水泳は、１８９６年第１回アテネ大会の水泳はすべて「自由形」だったが、それは平泳ぎで競われた。

まだクロールはなかったのだ。

このころの水泳は、顔を水から出したまま泳ぐものとされていた。

次に発明された泳法は背泳ぎだった。

やはり顔は水面から出したまま。

あおむけになり、水をかいた腕《うで》をもどすときに水面からだすため、平泳ぎより水の抵抗《ていこう》が少なく、スピードがでるようになった。

背泳ぎがオリンピックに登場したのは１９００年パリ大会。

ただ、最初の背泳ぎは現在のようなバタ足ではなく、あおむけで平泳ぎのように足を動かしていた。

クロールの登場はそれ以降になる。

たやすくまねできたクロール

デュークたちがクロールを見たのは１９１０年ごろ。

オーストラリア人が前を向いて腹ばいになり、水をかいた腕《うで》を水面からだして前へもどすようにして泳いでいたのだ。

この腕《うで》の動きは、サーフボードに乗って沖へでるときに腕で水をかく「パドリング」に似ていたため、デュークはたやすくまねすることができた。

この泳ぎ方は速い。デュークは毎日、クロールの練習をした。

世界記録よりも速い

1911年、デュークと仲間たちは「フイ・ナル（HUI NALU）」という名のカヌー・クラブを結成した。

ハワイ語のHUIはクラブ、NALUは波だ。

フイ・ナルは、アウトリガー・カヌーでは世界有数のチームに育っていく。

アウトリガーとは、カヌー本体の横に付ける「うき」のことだ。

太平洋の島々のカヌーにはこのタイプが多い。

「フイ・ナル」とともに、デュークの名が知れわたっていった。

サーフィンの名手として、そして、ずばぬけて速く泳げる青年として。

彼《かれ》の名声はハワイだけでなく、アメリカ本土のスポーツ関係者にもとどくようになる。

その夏、アメリカ本土からアマチュア・アスレティック・ユニオン（AAU）の役員がハワイにやってきた。

ＡＡＵは翌年におこなわれるストックホルムオリンピックでヨーロッパの国々に勝てるような、若手のアメリカ代表選手を探していたのだ。

ハワイでの水泳代表選考レースは、ホノルル港でおこなわれた。

デュークはまず１００ヤード（91・44メートル）を55秒４で泳いだ。

２位とは30フィート（９・１４４メートル）もの差だ。

これは当時の世界記録より速かった。

つづいておこなわれた50ヤード（45・72メートル）は24秒１。

他の選手を圧倒《あっとう》する泳ぎに、ＡＡＵの役員たちも自分の目をうたがった。

アメリカ本土を見返してやりたい

だが、ＡＡＵの役員たちがアメリカ本土にもどり、この記録をＡＡＵ本部に報告したが、それは認められなかった。

理由のひとつは、あまりにもタイムが速すぎて信じられなかったこと。

そしてもうひとつは、その記録を出したのが白人ではなかったからだ。

この時代、有色人種は白人からあからさまな差別をうけていた。

しかし、ハワイではデュークを応援《おうえん》する声が強かった。

本土でおこなわれる最終予選会にデュークを行かせたい、そしてオリンピックに出てほしいというひとびとの声は確実に大きくなっていった。

「フイ・ナル」カヌー・クラブは、デュークの旅費を集めるための募金《ぼきん》活動をおこなった。

アメリカにたたかれ、むりやり併合《へいごう》されてしまったハワイは、せめて、自分たちが得意とする海のスポーツで、アメリカ本土を見返したかった。

さいわい、現在のハワイにはヒーローがいる。

デュークはハワイのひとびとの期待を一身に集めた。

なんとか募金《ぼきん》は集まり、デュークはアメリカ本土にわたる。

ターンを猛《もう》特訓

だが、泳いだデュークは、プールの水の冷たさにおどろいた。

ハワイの海とは水温がまったくちがう。

時間をかけて、なんとか慣れた。

そして最終選考レースに出場したデュークは、みごとアメリカ代表の座を射止めたのだ。

ただ、彼《かれ》の泳ぎには欠点があった。

それは、ターンがうまくできないことだった。

ハワイの海で泳いでいたデュークは、プールの壁《かべ》を使ったターンをしたことがなかったのだ。

スタート台からの飛びこみもあまり上手ではない。

そこで、本土のコーチがつきっきりで徹底《てってい》的に教えた。

練習をくり返し、なんとか身につけることができた。

ジム・ソープとの出会い

1912年6月。

デューク・カハナモク

デュークはニューヨークからストックホルムへ向かう船の上にいた。

この船には6〜7メートルのサイズの小さなプールがある。

前へ進まないように、体にまいたロープを柱にくくりつけてデュークは泳いだ。

少しでも練習をしないと体の筋肉が落ちてしまう。

ある日、甲板《かんぱん》でデュークは1人の男に声をかけた。

その男もアメリカのオリンピック代表である。

言葉は英語だったが、デュークと同じようにはだの色は白くなかった。

彼《かれ》は「インディアン」とよばれている本土のネイティブアメリカンだった。

陸上競技の選手で、野球やアメリカンフットボールでも活躍《かつやく》していたジム・ソープである。

その名前はデュークもよく聞いていた。

話しかけてみた。

「なあ、ジム、きみは走ったりとんだり、いくつものスポーツができるのに、どうして水泳をやらないのかい？」

「それはデューク、きみのためにとっておいたのさ」

とソープは笑顔で言った。

楽しい会話、そして有色人種を差別する白人ではないこともあり、デュークは親しい気持ちを持った。

サーフィンのようなダイナミックな泳ぎ

ストックホルムオリンピックが開幕した。
デュークは男子１００メートル自由形の決勝に進んだ。
いつものようにスタートはおそかった。
だが、あっという間にトップに立つと、ぐんぐん差を広げる。
泳ぎはダイナミックだった。
顔を上げたままパワフルに両腕《うで》を回転させる。
サーフィンのパドリングをすばやくおこなっているようだった。
迫力《はくりょく》のあるその泳ぎとスピードは、観客を熱狂《ねっきょう》させた。
ゴールの瞬間《しゅんかん》には２位に２メートルほどの差をつけて金メダル。
４×２００メートルリレーでも銀メダルをかくとくした。

船でいっしょだったジム・ソープも金メダルを2つかくとくした。

それを知ったデュークはうれしかった。

翌年1月、不幸なニュースが飛びこんできた。

オリンピックのアマチュア規定違反《いはん》でジム・ソープの金メダルがはく奪《だつ》されたのだ。

その理由を聞いてデュークはおどろいた。

夏休みに野球のマイナーリーグで少しアルバイトをしただけだというのだ。

それなら自分も同じだ。

ワイキキビーチでカヌーやサーフィンを教えて、いくらかのこづかいをもらっていたのだから。

「たったそれだけの理由でメダルがはく奪《だつ》されてしまうのか……」

デュークはショックをうけた。

「あんなにすごい選手を悪者のようにあつかうなんて、おかしい」

船の上で親しく話したときのジム・ソープの笑顔を思い出した。

「彼《かれ》がもし白人だったとしても、メダルをはく奪《だつ》されたのだろうか……。かわいそうなジム……」

金メダルをかくとくして、デュークの名はアメリカじゅうに知られるようになった。
アメリカ本土でもおおくの競技会に出場し、パワフルな泳ぎを披露《ひろう》した。
次の目標は１９１６年のベルリンオリンピックだ。
しかし、第1次世界大戦のためにベルリン大会の中止が決まってしまう。
気落ちしていたデュークに、父の死という不幸がおそいかかる。
デューク本人も、当時スペイン風邪《かぜ》とよばれていたインフルエンザにかかった。
いくつかの苦難を乗りこえて、彼《かれ》はふたたび泳ぎはじめた。

その後の活躍《かつやく》

30歳《さい》で１９２０年アントワープオリンピックの出場権を得た。
デュークはこの大会で８年前を上まわる大活躍《かつやく》をする。
男子１００メートル自由形では世界新記録で金メダル。
そして４×２００メートルリレーでも金メダルをかくとくした。
有名になったデュークに、ハリウッドの映画会社が注目した。

かっこいい主人公役ではなかったが、いくつもの映画に出演した。

１９２４年、３度目のオリンピックとなるパリ大会に出場。

34歳《さい》直前というアスリートとしては高い年齢《ねんれい》で男子１００メートル自由形に出場し、銀メダルをかくとくする。

このとき金メダルをとったのは、のちにターザン役で映画に出演して世界中にその名が知られるようになるジョニー・ワイズミュラーだった。

銅メダルは、デュークの弟のサミュエル・カハナモクがかくとくした。

カリフォルニアでサーフィンが人気になった理由

現役を引退したデュークはホノルル市の保安官に就任し、１９６０年まで26年間つづける。

そして保安官を退職したデュークは、若いサーファーとともにアメリカ西海岸から南部《なんぶ》をまわり、サーフィンの実演をしてみせた。

アメリカ本土に「サーフィン」と「観光地ハワイ」をアピールしたのである。

デュークのおかげでカリフォルニア州にはいくつものサーフィンビーチができた。
ハンティントンビーチ、ロングビーチ、ラグナビーチ……。

そのデュークをひとびとは「サーフィンの父」とよんだ。
日本に第1次サーフィンブームがやってきたのもこのころだ。
「ザ・ビーチボーイズ」「ザ・ベンチャーズ」の音楽が、はやったころだ。
その最初の火付け役が、デューク・カハナモクだったのだ。
１９６４年東京オリンピックにデュークは招待されている。

アロハオエの大合唱

１９６８年1月22日。
ワイキキヨットクラブの駐車《ちゅうしゃ》場に「バーン！」と大きな音がひびいた。
デュークの車のトランクが勢いよく閉まったのだ。
車のすぐそばにはデュークが立っていた。

その彼が、まるで木がたおれるように、まっすぐ後ろにたおれた。

いっしょにきていた息子が駆《か》けよる。

だが、デュークはすでにこと切れていた。

心臓発作でたおれ、後頭部を強く打ち付けたことが死因になったと報じられた。

77歳《さい》だった。

葬儀《そうぎ》ではワイキキビーチに参列者の長い列ができた。

デュークの遺骨は、もの悲しい「アロハオエ」の歌が聴《き》こえるなか、ワイキキの海にしずめられた。

「アロハオエ」の歌には、ワイキキビーチに集まったひとびとも加わった。

それはいつしか大合唱になり、太平洋にひびきわたった。

サーフィンがもつほこり

1969年。

かつてデュークがおとずれたハンティントンビーチに彼《かれ》の胸像が建立された。

１９９０年には、１００回目の誕生日を記念して、ワイキキビーチにデュークの銅像が建てられた。

南半球の古代ポリネシア人が発明したといわれるサーフィン。

その波と生きる技は、数千キロにおよぶ大航海とともにハワイに伝わった。

サーフィンを楽しみ、人に教え、そして広めたデューク・カハナモク。

今では世界中でおおくの人が波のとりこになっている。

彼《かれ》の情熱が大輪の花となったのだ。

サーフィンがついにオリンピックに

２０２０年、サーフィンははじめてオリンピックの競技になる。

およそ１００年前、オリンピックの水泳で大活躍《かつやく》したデューク。

だが、まさか将来、サーフィンがオリンピックの競技として採用されるとは思っていなかったであろう。

もし今、デュークがあらわれたら……。

水泳とサーフィンという2つの競技で金メダルにかがやくかもしれない。

【参考文献】

『デューク・カハナモク 幻の世界記録を泳いだ男』（メディアファクトリー）1993
『一九一二年オリンピック、あの夏の男たち』東理夫（新潮社）1996
Sandra imberley Hall 〝Duke A Great Hawaiian〟 Bess Press 2004

第3章

最強のライバルは、国をこえた最高の親友

スピードスケート

小平奈緒

と

イ・サンファ

小平奈緒
２０１０年バンクーバー大会 チームパシュート／銀
２０１４年ソチ大会 ５００ｍ／５位
２０１８年平昌大会 ５００ｍ／金、１０００ｍ／銀

２０１８年２月。

韓国《かんこく》・平昌《ピョンチャン》で開催《かいさい》された冬季オリンピック。

場所は、記録がのびにくい低地のスケートリンク。

小平《こだいら》奈緒《なお》は、低地のリンクでは女子で世界初の36秒台をたたきだした。

スピードスケート女子５００メートルの金メダリストにかがやく。

オリンピック日本女子スピードスケート史上、初の金メダルかくとくだ。

小平《こだいら》の快挙に、観客は大いにわいた。

もっとも観客の心をつかんだ光景は、競技終了《しゅうりょう》後におとずれた。

金・銀メダリストのウィニングラン

オリンピック３連覇《れんぱ》をはたせず涙《なみだ》を流していた韓国《かんこく》のイ・サンファ（李相花）。

イ・サンファに小平《こだいら》がそっとよりそう。

そして彼女《かのじょ》をやさしくだきしめながら、金・銀メダリスト２人でウィニングランをする姿は、世界中に感動をあたえた。

小平奈緒とイ・サンファ

小平《こだいら》奈緒《なお》とイ・サンファは、長年、同じ競技に打ちこむ最大の「ライバル」であると同時に、おたがいを尊敬しあう「親友」でもあったのだ。

寒さの厳しい韓国《かんこく》・平昌《ピョンチャン》。

夜は気温が氷点下となる。

だが、スピードスケート競技会場の江陵《カンヌン》オーバルでは、毎日熱い戦いがくりひろげられていた。

小平《こだいら》はスピードスケート３種目に出場。

１５００メートルと１０００メートル（中距離《きょり》）をすべる経験や持久力を、５００メートル（短距離《きょり》）のレースに生かしたいと考えていたからだ。

まずは、１５００メートルで６位入賞をはたす。

これまで出場した２回のオリンピックとはちがい、自分の足が地にしっかりついている感覚があった。

次の１０００メートルには世界記録保持者としてのぞむ。

不利と言われるアウトスタートながら銀メダルをかくとくした。

３つめの種目、５００メートルは、小平《こだいら》がもっとも得意とする距離《きょり》だ。

ワールドカップでも連勝をつづけ、「金メダルの絶対本命」と報道されていた。

オリンピック新記録でゴール

2月18日。
世界最速スプリンター、氷上の女王を決めるレースは、2人1組ですべる。
小平《こだいら》は16組中14組の、インスタートだ。
集中力を最大限に高め、
「自分のすべりをするだけだ」
と自分に言い聞かせて、スタートラインに立つ。
熱い声援《せいえん》がおさまり、シーンと静まりかえった会場。
スタートの号砲《ごうほう》が鳴りひびいた。
「しまった！」
スタートのタイミングが、わずかにあわなかった。
けれども冷静さを失わない。

一歩一歩力強く氷をおして、ぐんぐん前へ進んだ。

「36秒94」でゴールを駆《か》けぬけた。

オリンピック新記録だ。

標高１０００メートル以上の高い場所にあるリンクなら、気圧が低く空気抵抗《ていこう》が少ないために速い記録が出やすいのだが、低地にあるリンクでは出にくい。

その低地・平昌《ピョンチャン》で記録した、女子で世界初の36秒台だった。

「低地で36秒台」の目標を、オリンピックでみごとにかなえた小平《こだいら》。

充実《じゅうじつ》感で満たされる。

「これで金メダルじゃなかったら、しょうがないな」

スピードスケートは、自身のタイムとの戦い。

「ライバルは、自分自身。

自分が自分をこえて強くなれば、負けることはない」

それが、小平《こだいら》の信念だ。

オリンピック新記録のタイムが表示され、さらに会場はどよめく。

小平《こだいら》は、次にすべる選手たちの集中をさまたげないでとお願いするように、観客に向けて、くちびるに人さし指を当てた。

直後の15組目に、地元・韓国《かんこく》のイ・サンファが登場した。

ひざのケガに苦しむイ・サンファ

バンクーバー大会とソチ大会の２大会連続でこの種目を制した金メダリスト。

〝氷速女帝《ひょうそくじょてい》〟ともよばれるスーパースター。

彼女《かのじょ》の登場に、地元の応援《おうえん》がいっそう熱くなる。

イ・サンファは、ひざのケガに苦しみながらも、韓国《かんこく》国民の期待を背負い、オリンピック３連覇《れんぱ》をかけてスタートラインに立った。

得意のロケットスタートに成功。

最初の１００メートルはこの日のだれよりも速い10秒20だ。

しかし、最後のカーブでバランスをくずしてスピードが落ち、記録は37秒33。

小平《こだいら》のタイムに０秒39届かない。

小平奈緒とイ・サンファ

小平《こだいら》は日本女子スピードスケートで初、また日本選手団主将として冬季大会はじめての金メダリストとなった。

韓国《かんこく》国旗の太極旗を手に、涙《なみだ》ぐみながら観客の声援《せいえん》に応えていたイ・サンファ。

そこに、日の丸を羽織った小平《こだいら》が近づいた。

そっとよりそい、韓国《かんこく》語で語りかける。

「チャレッソ（よく、がんばったね）」

イ・サンファの肩《かた》をだきしめて、いっしょにリンクを回る。

「たくさんのプレッシャーのなかで、よくやったね。

私は今でも、あなたをリスペクトしているよ」

その言葉に、イ・サンファも応えた。

「私も、あなたをほこりに思う」

自分の力を出しきったおたがいの健闘《けんとう》をたたえあい、並んでウィニングランをする2人に、観客はおしみない拍手《はくしゅ》をおくった。

小平《こだいら》と、2歳《さい》年下のイ・サンファは、小学生時代から試合で顔をあわせていた。

競技では、ともに高みをめざしてしのぎをけずるライバルだが、おたがいの努力や苦労を認め、尊敬しあう仲だ。

日本・韓国《かんこく》それぞれの自宅に招待しあって食事をふるまうほど、親交が深かった。

そんな２人の仲の良さを物語る、さまざまなエピソードがある。

２０１４年11月のワールドカップ・ソウル大会。

５００メートルで小平《こだいら》がワールドカップ初優勝をなしとげた時のこと。

小平《こだいら》は、急いで留学先のオランダにもどらなければならない。

イ・サンファはそれを知ると、自分の連勝を止められてくやしいはずなのに、小平《こだいら》のためにすぐタクシーを手配して、空港までの料金もはらった。


また、カザフスタンでバスをまちながら２人で写真を撮《と》った時、

「次のオリンピックはあなたが勝って、私が２位ね」

と言う小平《こだいら》に、

「それならあなたが勝って、私が２位でいい」

と、イ・サンファは応えた。

試合後、記者会見に２人でのぞむと、イ・サンファは、

「幼いころからいっしょにやってきて、いい経験ができました。奈緒《なお》選手というライバルがいたから私もここにいることができ、おたがいが記録をのばすことができたのだと思います」
と語った。

平昌《ピョンチャン》大会での、国境をこえた友情が感動をよんだ名場面は、こうした強いきずなからうまれたのだ。

もし、「金」と「銀」が逆の結果になっていても、2人はきっと同じことをしただろう。

優しいけれど、負けず嫌《ぎら》い

小平《こだいら》が生まれ育ったのは、長野県茅野《ちの》市。

ここは、アイススケートがさかんな地域だ。

3歳《さい》のころ、両親と2人の姉といっしょに、はじめてスケート場をおとずれた。

すべり方を教わっていないのにリンクを楽しそうに回って、家族をおどろかせた。

小学５年生の時には、長野で冬季オリンピックが開催《かいさい》された。

スピードスケート男子５００メートルで、清水宏保《しみずひろやす》が金メダルをかくとくした歓喜《かんき》のシーンは、とくに印象深かった。

小平《こだいら》は子どものころからおとなしい性格で、でも負けず嫌《ぎら》いだった。

スケートの練習に打ちこみ、中学２年のときには５００メートルの中学記録を更新《こうしん》するほどレベルアップした。

全日本ジュニア選手権スプリント部門で史上初の中学生王者にかがやき、高校ではインターハイで５００メートルと１０００メートルの２冠《かん》をかくとくするなど、大活《かつ》躍《やく》を見せる。

高校を卒業すると、信州大学教育学部に進学した。

理由は２つある。

ひとつは、長野大会で清水宏保《しみずひろやす》を金メダルに導いた結城匡啓《ゆうきまさひろ》コーチから直接指導をうけること。

もうひとつは、保健体育の教員免許《めんきょ》を取得するためだ。

オリンピック出場をめざして日々練習にはげみ、はじめて日本代表として、オランダのヘーレンフェーンでおこなわれるワールドカップに出場した。

小平奈緒とイ・サンファ

500メートルを全力ですべるも、結果は11位。

世界のレベルの高さを思い知らされた。

この大会で優勝したのは、イ・サンファだ。

このとき、小平《こだいら》に1秒以上の差をつけていた。

オリンピックでメダルをとって、患者《かんじゃ》さんにふれてほしい

大学を卒業後も小平《こだいら》は、長野県内で信頼《しんらい》する結城《ゆうき》コーチの指導をうけながら競技をつづけたいと考えた。

しかし、リーマンショックの影響《えいきょう》で所属企業《きぎょう》が見つからない。

小平《こだいら》は足首のケガで通院した相澤《あいざわ》病院で事情を話した。

地元の大きな病院・相澤《あいざわ》病院の相澤《あいざわ》理事長は、小平《こだいら》のまっすぐな思いに共感し、選手生活を支援《しえん》することを約束した。

これで安心して競技に打ちこむことができるうえ、医学面でのサポートもうけられる。

感謝した小平《こだいら》は、

「自分にできることは、競技を通じて患者《かんじゃ》さんに勇気や感動を伝えることだ。オリンピックでメダルをとって、患者《かんじゃ》さんにふれてほしい」

と強く思った。

２００９年の全日本スピードスケート距離《きょり》別選手権大会では、５００メートル、１０００メートル、１５００メートルの３種目で優勝をかざる。

短・中距離《きょり》での３冠《かん》を達成した小平《こだいら》は、スピードとスタミナの両方をあわせ持つ選手として、ますます評価が高まった。

もっと強くなりたい

翌２０１０年。

初となる冬季オリンピック、バンクーバー大会に出場すると、５００メートルは12位にしずむも、１０００メートルと１５００メートルでともに5位入賞。

そして、３人の選手による団体追いぬき「チームパシュート」では、田畑《たばた》真紀《まき》、穂《ほ》積《づみ》雅子《まさこ》とともに、日本女子スピードスケート界で初となる銀メダルをかくとくした。

4年後のソチ大会で、500メートルで5位に入賞したもののメダルには届かない。

1000メートルでは13位と、不本意な成績に終わった。

「もっと強くなるためには、日本にとどまっていてはいけない」

そう考え、スケートの強豪《きょうごう》国・オランダにわたった。

勉強熱心な小平《こだいら》は、2年間修業するなかで、コーチやチームメイトとしっかりコミュニケーションをとるためにオランダ語を習得した。

インタビューにもオランダ語でこたえ、さらにオランダ語で早口言葉を言えるくらいの上達ぶりだ。

怒《おこ》った猫《ねこ》になりなさい

もちろん言葉だけではなく、スケートもどんどん上達する。

フォームの修正に取り組むと、マリアンヌ・ティメルコーチからは、

「ナオ、〝怒《おこ》った猫《ねこ》〟になりなさい」

との指導をうけた。

怒《おこ》った猫《ねこ》？

意味がよくわからず首をかしげる小平《こだいら》。

ティメルコーチは、猫《ねこ》が怒って相手を威嚇《いかく》している写真を見せた。

猫《ねこ》は重心を下げて、肩《かた》をつりあげている。

体勢を低くしつつも、頭は下げないのだ。

こうして、重心を低くするために腰《こし》を落としても、頭は必要以上に下げずに上半身を起こす独特のフォームを身につけ、スケーティングの技術に磨《みが》きをかけていった。

そして２０１４年11月。

韓国《かんこく》・ソウルでのワールドカップで、オリンピックを2連覇《れんぱ》していたイ・サンファと直接対決。

0秒13の差でイ・サンファをふりきった。

ついにワールドカップ初優勝をはたしたのだ。

着実に力をつけた小平《こだいら》は、２０１７年2月の世界距離《きょり》別選手権では５００メートルを37秒13で優勝した。

このタイムは、高地にある２つの高速リンク、カナダ・カルガリーの「オリンピック・オーバル」と、アメリカ・ソルトレークシティの「ユタ・オリンピックオーバル」で出た記録を除くと、当時の世界最速だ。

その後も自身の記録をぬりかえつづけ、国内外の大会で連勝を重ねていく。

同年12月のワールドカップ・カルガリー大会。

１０００メートルでは転倒《てんとう》してしまったが、翌日の５００メートルでは失敗を修正し、当時世界歴代２位となる36秒53の日本新記録で優勝した。

続くワールドカップ・ソルトレークシティ大会５００メートルでは、５日前に出した自己記録を上回る36秒50で優勝。

この種目でワールドカップ15連勝を記録した。

さらに、最終日の１０００メートルでは１分12秒09の世界新記録をマーク。

絶好調な状態で、２か月後の平昌《ピョンチャン》大会にのぞんだのだった。

一方、イ・サンファは右脚《あし》を手術し、このシーズンは競技からはなれていたものの、高速リンクで「36秒36」の世界記録を持つ実力者だ。

平昌《ピョンチャン》大会では、５００メートルのレースだけに集中していた。

快進撃《かいしんげき》の小平《こだいら》と、〝氷速女帝《ひょうそくじょてい》〟イ・サンファ。

日本と韓国《かんこく》を代表するスピードスケートのトップ選手が、オリンピックの大舞台《ぶたい》で、いよいよ対決する。

勝つのはどちらか、頂上決戦に大きな関心が集まっていたのだ。

奈緒《なお》のおかげで、挑戦《ちょうせん》をつづけることができた

２０１９年４月。

韓国《かんこく》の「２０１８平昌《ピョンチャン》記念財団」は、オリンピックのレガシー（遺産）を後世に伝えるという財団の活動趣旨《しゅし》に合うとして、小平《こだいら》とイ・サンファに「韓日友情賞」を授《じゅ》与《よ》した。

授賞式で、理事長は次のようにあいさつをした。

「韓国《かんこく》と日本のおおくの国民は、勝敗と関係なく、両選手が見せたスポーツマンシップと友情に非常に感動した。

両選手の友情は、オリンピックを象徴《しょうちょう》する」

小平《こだいら》は、

「私たちにとって、あのような情景は特別なものではなく、ごく自然なもの」

と説明した。

イ・サンファは、

「ソチ大会後、ケガで引退を考えていた。
でも、奈緒《なお》のおかげで挑戦《ちょうせん》をつづけることができた」

と、小平《こだいら》に感謝の思いを伝えた。

スポーツに国境はない

そして翌5月。

イ・サンファは現役引退を表明した。

リハビリをしても、なかなかひざがよくならず、選手として最高のコンディションが保てなくなったために決断したのだ。韓国《かんこく》スポーツ界を代表するトップアスリートの引退はおしまれ、大きなニュースとなった。

小平《こだいら》は、

「まちがったニュースならいいのに」

とイ・サンファへすぐにメッセージを送り、SNSには泣き顔の絵文字を30個も並べて、親友が競技生活から去るさびしさや悲しい気持ちを表現した。

引退の記者会見でイ・サンファは、そんな小平《こだいら》に向けて、

「トップの座を守るためがんばりすぎるのではなく、これまでやってきたとおりにやればいい」

とエールをおくった。

そして、

「近いうちに、長野に遊びに行く計画なの」

と付け加えた。小平《こだいら》とイ・サンファの強いきずなと友情は、たとえ競技をはなれても、これから先もずっと続くのだ。

スポーツに国境はない。

おたがいから学びあい、はげましはげまされ、選手として人として成長してきた、小平《こだいら》奈緒《なお》とイ・サンファ。

2人の姿は、スポーツを通した友情のすばらしさ、そして国どうしの理想的なあり方を、私たちに教えてくれる。

【参考文献】
『小平奈緒　栄光と友情』甲斐毅彦（汐文社）2018年
『サンデー毎日増刊　平昌冬季オリンピック全記録』（毎日新聞出版）2018年

第4章

魂のコンビプレーでつかんだ大逆転の金メダル

バドミントン

髙橋礼華と松友美佐紀

２０１６年リオデジャネイロ大会　バドミントン女子ダブルス／金

だれも到達《とうたつ》したことのない未踏《みとう》の場所

セットカウント1－1でむかえたファイナルゲーム。

現在のスコアは16－16。

このゲームで先に21ポイントをとったほうが、金メダルを手にする。

2016年8月18日、リオデジャネイロ。

バドミントン会場では、日本ペアとデンマークペアが女子ダブルスの優勝をかけて激突《げきとつ》していた。

デンマークのペアは30歳《さい》と32歳《さい》のベテランで、高い身長と百戦錬磨《れんま》の精神力で確実にポイントを重ねる世界ランキング6位の実力者。

対する日本は、世界ランキング1位に君臨する26歳《さい》の髙橋《たかはし》礼華《あやか》と1学年下の松友《まつとも》美《み》佐紀《さき》の「タカマツペア」だ。

金メダル最有力候補と目されているペア。

だが、この2人に世界一のおごりはみじんもない。

日本バドミントン界にとって、オリンピックでの金メダルの表彰《ひょうしょう》台は、まだだれも到達《とうたつ》したことのない未踏《みとう》の場所。

タカマツペアはおおくのプレッシャーを背負いながら、道を切り開いてここまでやってきた。

その努力が報いられるかどうかが、あと少しで決まる。

最高の連続攻撃《こうげき》

タカマツペアの武器は、後衛・髙橋《たかはし》のパワーと広範囲《はんい》をカバーするフットワーク、前衛・松友《まつとも》のテクニックと相手の穴をつく頭脳プレー。

この２人のコンビネーションからくり出される連続攻撃《こうげき》が、全勝で予選を通過させた。そして準々決勝でマレーシア、準決勝で韓国《かんこく》を撃破《げきは》し、決勝トーナメントでさくれつしたのだ。

決勝の第１ゲームは、緊張《きんちょう》のため松友《まつとも》の動きが固く、相手に攻《せ》めこまれて18－21で落としたが、第２ゲームは早い段階からリードを広げ、危なげなく勝利。

物語はファイナルゲーム、16−16の局面からスタートする。

松友《まつとも》のサービス。

細かい前陣《じん》でのやりとりからコートを広く使った打ち合いにラリーは発展。

後衛に入った松友《まつとも》のスマッシュがういた。

デンマークの選手が逆サイドぎりぎりにねらいすましたレシーブ攻撃《こうげき》が決まる。

16−17。

デンマークの集中をきわめたプレーを前に、前衛に入った松友《まつとも》がショットをネットにかけてしまい16−18。

その後、こんどは髙橋《たかはし》が攻《せ》めこまれ、くずされてポイントをうばわれる。

たとえリードされても1点差をキープできれば逆転できる、と2人は考えていた。

しかし、相手の連続ポイントでまたたく間に日本ペアは16−19のピンチに立たされてしまった。

あと2ポイントを相手ペアにあたえれば、金メダルはデンマークにわたる。

流れは今、間ちがいなくデンマークにある。

この終盤《しゅうばん》に3点差までポイントを広げられた。

ほとんど絶望的といってもいい状況《じょうきょう》だった。

髙橋礼華と松友美佐紀

このとき、髙橋礼華《たかはしあやか》の頭にうかんでいたのは、伊調馨《いちょうかおり》だった。

少し前に女子レスリング58キロ級で4連覇《れんぱ》という偉業《いぎょう》を達成した、あの姿。

伊調《いちょう》は、リードされる展開を終了《しゅうりょう》直前にひっくり返して金メダルをもぎとったのだ。

「まだ、何か起こるかもしれない」

髙橋《たかはし》のその思いは、近くで構える松友《まつとも》にも伝わっていた。

この2人には、「以心伝心で通じ合える」という最大の強みがあった。


くやしいけど、すごく楽しかったです！


2人が出会ったのは、髙橋《たかはし》が小学校5年生、松友《まつとも》が小学校4年生のときだ。

髙橋《たかはし》は奈良県、松友《まつとも》は徳島県の出身である。それぞれ幼いころから全国大会優勝の実績《じっせき》をもっており、すでにおたがいの存在は知っていた。

学年がちがうために対戦したことがなかった。

2人のためにコーチたちが組んだ練習試合が、直接知り合うきっかけとなった。

年下の松友《まつとも》は、あこがれの先輩《せんぱい》と対戦できることをとても喜び、楽しみにした。

対して髙橋《たかはし》のほうは、年下の年代でダントツに強い松友《まつとも》とは絶対に当たりたくないと思っていた。

対戦結果は、年上のプライドをかけて全力を発揮した髙橋《たかはし》の圧勝。

泣いて帰った松友《まつとも》に、

「悪いことをしちゃったな」

と思った髙橋《たかはし》だったが、しばらく経って、その松友《まつとも》から手紙をうけとった。

「この前の試合、ボコボコに負けちゃってくやしいけど、すごく楽しかったです！」

そこから、２人の文通がはじまった。

髙橋《たかはし》は、喜怒哀楽《きどあいらく》をすなおにあらわす快活な性格。

友達や後輩《こうはい》の面倒《めんどう》見がよく、いつも自然と人に囲まれている。

同時に、やりたいことに関してはとても負けず嫌《ぎら》い。

バドミントン選手だった母親の影響《えいきょう》でバドミントンをはじめると、自分から練習に打ちこみ、小学校４年生で出場した全国小学生大会に優勝してしまった。

このころは体が小さく、そこまで期待されていなかっただけに、当時のコーチもおどろく上達ぶりだった。

さらに強くなりたい髙橋《たかはし》は、なんと中学校から親元をはなれ、遠い宮城県のバドミントン強豪《きょうごう》校、聖ウルスラ学院英智《えいち》中学校へと1人で進学する。

早くから自分のことはすべて自分でする生活をおくりながら、髙橋《たかはし》は人一倍練習して腕《うで》をみがいた。

スピードと頭脳

松友《まつとも》は、髙橋《たかはし》とは反対にどちらかというとおとなしい性格で、いつも母親の後ろにかくれているような子どもだった。

そのかわり、相手の様子を注意深く観察し、さまざまなことを理解する能力に長けていて、勉強では成績優秀《ゆうしゅう》。母親と姉の影響《えいきょう》で6歳《さい》からはじめたバドミントンでも小学生低学年から才能を発揮した。

得意なプレーはスピードをいかしたネット際でのプレーと、相手の嫌なところにシャトルを落とす頭脳プレー。

もともとの運動能力の高さと、持ち前の観察眼で頭角を表し、小学校で全国大会のシングルス3連覇《れんぱ》をはたした松友《まつとも》は、中学校を経て、髙橋礼華《たかはしあやか》のいる聖ウルスラ学院英智《えいち》高校へと進学する。

私、よばれてないんですけど

強い選手がそろう聖ウルスラ学院では最初のうち、髙橋《たかはし》も松友《まつとも》もそれほど目立つ存在ではなかった。

2人がそこでペアを組むことになったのは、偶然《ぐうぜん》のなりゆきだ。

新人戦にのぞむペアの組みあわせを監督《かんとく》が選手たちの前で読み上げたときのこと。

名前をなかなかよばれなかった髙橋《たかはし》が、

「私、よばれてないんですけど」

と言ってはじめて、監督《かんとく》は髙橋《たかはし》をペアの組みあわせに入れるのを忘れていたことに気づいた。

とっさに考えて出た言葉は、

「そうそう、おまえは松友《まつとも》と組んでもらうから」

髙橋礼華と松友美佐紀

これが、その後10年続くことになるペア誕生のいきさつだ。

偶然《ぐうぜん》生まれたペア。しかし、パワーがあるぶん体に負担がかかる髙橋《たかはし》と、スピードとテクニックは申し分ないがパワーに難のある松友《まつとも》との相性はぴったりだった。

それに、快活でフレンドリーな髙橋《たかはし》と、物静かでさっぱりしている松友《まつとも》。

性格のちがいも、ほどよい距離《きょり》感を保ちながらおたがいの能力を認め合うことにつながった。ペアとして理想的な関係をはぐくむうえで良い方向にはたらいたのだ。

そんな２人の共通点は、

「つねに自分で考えて納得した方向へ進む」

という自立した精神。

２人のプレーはおどろくべきコンビネーションを生み出した。

それは、前衛の松友《まつとも》がくずし、髙橋《たかはし》がスマッシュを決めてポイントをとるという黄金パターン。

実は髙橋《たかはし》は、松友《まつとも》と組むまで、スマッシュが得意だという自覚がなかった。

でも松友《まつとも》と組むと、おもしろいようにスマッシュが決まる。

これは、松友《まつとも》が前衛で相手ペアの動きの弱点をつき、相手のコンビネーションをくずしているからだ。

そこでできた穴を髙橋《たかはし》がたたくことによって、スムーズに得点が生まれるのだった。

２人のペアは磨《みが》かれ、２００８年には高校生にして全日本総合４強入りをはたす。

ダブルスの決勝には絶対に出たい！

２人が心の深いところできずなを強くしたエピソードがある。

髙橋《たかはし》が高校３年生、松友《まつとも》が２年生でむかえた２００８年インターハイでのことだ。

２人はダブルスで順調に勝ち進んでいたが、練習中に髙橋《たかはし》が自分の汗《あせ》に足をすべらせて転び、右足をねんざしてしまった。

しかし、髙橋《たかはし》はその後の試合を欠場させようとする監督《かんとく》に対して、

「ダブルスの決勝には絶対に出たい！」

と必死のアピールをおこなった。

自分の近くでフットワークをくり返してみせる彼女《かのじょ》に監督《かんとく》は根負けし、他の試合は休ませてもダブルスには出場させることを決断する。

負傷した右足にテーピングをした髙橋《たかはし》を、決勝の相手ペアは集中して攻《せ》めてきた。

髙橋礼華と松友美佐紀

気持ちは強く持っていてもやはりいつものようには体を動かせない髙橋《たかはし》を救ったのは、松友《まつとも》。

「試合に出たい」という髙橋《たかはし》の魂《たましい》のアピールを、松友《まつとも》も見ていた。

そして松友《まつとも》自身も、髙橋《たかはし》と組む最後のインターハイでは絶対に優勝したいと強く思っていたのだった。

松友《まつとも》の動きはめざましかった。

ふだんは見せないような動きで髙橋《たかはし》をカバーし、コートをするどくかけまわった。

髙橋《たかはし》も、そんな松友《まつとも》に勇気をもらって最後まで戦いぬいた。

そして、みごと優勝。

監督《かんとく》もおどろく、すばらしい戦いだった。

２人は高校を卒業して社会人になってからも、日本ユニシスという強豪《きょうごう》チームでペアを継続《けいぞく》し、レベルアップをつづけていく。

２０１４年10月。

髙橋《たかはし》礼華《あやか》と松友《まつとも》美佐紀《みさき》の「タカマツペア」は、日本女子で史上初となる世界ランキング１位の座を手にする。

12月におこなわれた世界最高峰《さいこうほう》の大会、スーパーシリーズファイナル。

そこでも日本勢初の優勝をかざり、堂々と世界一の実力を見せつけた。

となれば、1年半後のリオデジャネイロオリンピック金メダルのよび声も当然高まる。

もちろん、2人もそのつもりだった。

試練が重なる

だが、この後タカマツペアは試練の道を歩むことになる。

世界の強豪《きょうごう》たちが2人のプレーを細かく研究するようになり、大会で1回戦や2回戦の早い段階で敗退してしまうことがおおくなった。

なかでも、それまでオリンピック5大会連続金メダルを手にしている中国の選手たちが金メダルを絶対に日本にわたすまいと、おそろしい勢いでいどんできた。

タカマツペアはパワーとスピードあふれる中国の速攻《そっこう》によって、得意の連続攻撃《こうげき》を封《ふう》じられた。

髙橋礼華と松友美佐紀

２人は中国ペアに打ち勝つために特訓をおこなう。

相手は、４人の男性コーチ。

あらゆるところから打ちこまれるシャトルにもれなく反応することで、レシーブ能力をきたえた。

だが、試練は松友《まつとも》の負傷というかたちで重なる。

２０１５年９月におこなわれたジャパンオープンの最中、右足に全治１か月のねんざを負ってしまったのだ。

松友《まつとも》はリハビリ、髙橋《たかはし》は個人練習に明け暮れる日々。

その１か月間が、精密機械のようだった２人のコンビネーションに乱れを生じさせてしまう。

２人での練習が再開された後も、まだ本調子ではない松友《まつとも》と、カバーしようと気負いこんで空回りする髙橋《たかはし》のプレーはどこかちぐはぐ。

それまではつねに密にコミュニケーションを取り合ってきた２人だったが、この時はそれもなくなっていた。

仲が悪くなったのではない。

「松友《まつとも》にケガの責任を感じさせないよう私ががんばらなければ」

「先輩《せんぱい》に迷惑《めいわく》をかけないように早く復調しなければ」

と、それぞれがあせりを心に秘めて表に出さないようにしていたのだ。

パートナーにプレッシャーをあたえないようにという思いやりが、コンビネーションの歯車をさらにくるわせていたのだった。

思いをぶつけ合い、進化へ

２０１５年10月。

復帰戦となったデンマークオープンで2回戦敗退に終わってしまった。

試合のあと、２人は、はじめておたがいに思いを口に出した。

おたがいに同じあせりをかかえていたこと、そして、相手を思うがゆえにそれを共有できていなかったことがそこではじめてわかった。

心にふたをしてしまえば、よいコンビプレーは生まれない。

長年ペアを組んできた2人が改めて、心を通じあわせることの大切さを学んだのだった。

２人は特訓を重ねた。

新たにマスターしたのは「攻撃《こうげき》的レシーブ」。

相手から打ちこまれた球を、相手コートの後ろのラインぎりぎりをねらって大きく打ち返すことで相手の体勢をくずす戦法だ。

この戦法は功を奏し、中国オープンでは決勝で中国をあと一歩のところまで追いつめた。

結果は惜敗《せきはい》の準優勝だったが、２人はオリンピック金メダルへの手ごたえを得たのだった。

むだな動きは一切ない

そして舞台《ぶたい》は、２０１６年、リオデジャネイロオリンピック決勝にもどる。

日本ペア対デンマークペア、スコアは16－19の大ピンチ。

デンマークのサービス。

前陣《じん》でラリーがはじまってすぐ、松友《まつとも》が冷静にねらったゆるい球が相手の盲点《もうてん》をつき、コートへ落ちる。

17－19。

髙橋《たかはし》のサービス。

相手のレシーブが甘《あま》く上がったところを、後陣《じん》から松友《まつとも》が強烈《きょうれつ》なスマッシュ。

相手コート中央を狙うことの多かった軌道《きどう》をクロス方向に変えたことで相手の虚《きょ》を突《つ》いた頭脳プレーだ。

18－19。

2ポイントを連取されたデンマークのペアは言葉を交わし、その表情からは笑みのようなものも見える。

言葉を交わすことであせりをしずめ、改めて戦いにのぞもうとしている。

おそらく今精神的に追いこまれているのはデンマークペアのほうだ。

髙橋《たかはし》のロングサービス。

そこから長いラリーが展開された。

前陣《じん》で松友《まつとも》がすばやい対応をくり返せば、後陣《じん》から髙橋《たかはし》が大きく打ちこむ。

だがデンマークペアも集中を切らさず応対する。

最終的に決めたのは、松友《まつとも》の前陣《じん》からのスマッシュ。
ついにここで、追いついた。
19－19。
それぞれ小さくガッツポーズをし、すれちがいざま手と手をあわせる日本ペア。
一瞬《いっしゅん》のアイコンタクトで持ち場にもどる。
そこにむだな動きは一切ない。集中している。
次に1点をとったほうが、金メダルへのマッチポイントをむかえる。
デンマークペア、日本ペアともにはげしくポジションを変える。
おたがい一歩もひかずに続くラリー。
終わらせたのは、相手のレシーブミスをさそった髙橋《たかはし》のスマッシュだった。

2人でつかんだ金メダル

さっきよりも大きなガッツポーズが日本ペアそれぞれの手で示された。
デンマークペアからは笑顔が見える。

日本ペアの表情はしまったままだ。

20－19。

マッチポイント。

静かにラリーがはじまった。

１球、２球、３球……髙橋《たかはし》、松友《まつとも》が息をあわせて相手ペアのうちの一方を攻《せ》める。

髙橋《たかはし》がスマッシュした。

うけたデンマーク選手の上げたシャトルが、ネットに当たって落ちた。


どちらの選手から発せられたものかはわからない。

短く高いさけび声が日本ペアのコートから上がった。

はじかれたように飛びはねる松友《まつとも》。

万歳《ばんざい》をしながらコートに転がる髙橋《たかはし》、駆《か》け寄ってくるコーチたち。

会場は、それまでの緊迫した空気が一気に爆発《ばくはつ》したかのような、歓声《かんせい》と拍手《はくしゅ》のるつぼになった。

【参考文献】

『バドミントン・マガジン＋α　タカマツ☆　バドミントン髙橋礼華&松友美佐紀パーフェクトNAVI』（ベースボール・マガジン社）2017

『バドミントン・マガジン2016年10月号〜2017年2月号』（ベースボール・マガジン社）2016・2017

『心にのこるオリンピック・パラリンピックの読みもの　別巻　リオから東京へ、つながる夢』（学校図書）2017

『まんがNHKアスリートの魂　野球田中将大　バドミントン髙橋礼華・松友美佐紀　体操村上茉愛』（学研プラス）2017

「NHKアスリートの魂」（NHK総合）2015年

『Sports Graphic Number 2016/9/9特別増刊号Rio 2016 Review　熱狂のリオ。』（文藝春秋）2016

第5章

笑顔と涙のプレゼント交換

スキー

上村愛子

1998年長野大会　スキー・モーグル女子／7位
2002年ソルトレークシティ大会　スキー・モーグル女子／6位
2006年トリノ大会　スキー・モーグル女子／5位
2010年バンクーバー大会　スキー・モーグル女子／4位
2014年ソチ大会　スキー・モーグル女子／4位

２０１４年、ソチ冬季大会。

フリースタイルスキーのモーグル種目にいどむ、１人の女子選手の姿があった。

さわやかな笑顔は、少女のように可憐《かれん》。

だが、この大会の日本スキーチーム女子では最年長の34歳《さい》。

１９９８年長野大会から数えて５回目のオリンピックにのぞもうとしている。

彼女《かのじょ》の名前は、上村愛子《うえむらあいこ》。

上村《うえむら》は、とてもおおくのファンを持っていた。

年齢《ねんれい》や性別を問わず、日本じゅうのたくさんのひとびとが、上村《うえむら》がこの大会でメダルをとることを心から願い、応援《おうえん》していた。

読者のみなさんにもその背景を知っていただくために、まずは上村《うえむら》がモーグルと出会った子ども時代から彼女《かのじょ》の競技人生を追っていこう。

あのキラキラした景色の中に入りたい

１９９４年冬。

上村愛子

中学2年生の上村愛子《うえむらあいこ》は、1人でカナダのスキー場をおとずれていた。

3歳《さい》のころからつづけていた大好きなスキーをやめてしまって1年が経つ。

スキーをやめた理由は、いじめだった。

むりをしてみんなといっしょにいるよりも、1人でコツコツとやりたいことを楽しむタイプだった愛子《あいこ》は、小学校の転校をきっかけに仲間外れになり、いじわるをされるようになった。

いじわるに対して抗議《こうぎ》をするすべを持っていなかった。

ずっとだまってがまんしていた。

だが、中学1年生のとき、耐《た》えきれなくなってスキークラブをやめてしまった。

打ちこむものも、楽しいと思えるものもなくなり、目のかがやきを失ってしまった愛子《あいこ》。

そんな彼女《かのじょ》を心配して、母親がカナダ旅行へと背中をおしてくれたのだった。

カナダの広いスキー場で、愛子《あいこ》は毎日無心になってすべった。

だれにも気がねせずにのびのびと満喫《まんきつ》するスキーは、やはりとても楽しかった。

そして、滞在《たいざい》中に見に行ったモーグルのワールドカップが、愛子《あいこ》の運命を決定づけることになる。

真剣《しんけん》勝負の場のはずなのに、陽気な音楽が流れる競技場。

笑顔をはじけさせる選手たち。

斜面《しゃめん》に無数につくられたコブをすべりながら、とちゅうでとび上がって大技をくりだすダイナミックな競技風景。

そして、すべての選手におしみなく降りそそぐ温かい歓声《かんせい》。

愛子《あいこ》の目に、その風景はキラキラとかがやいて見えた。

私もあんなすべりがしたい。

あのキラキラした景色の中に入りたい。

カナダから帰国すると、愛子《あいこ》はまっすぐなひとみで言った。

「お母さん、私、モーグルをやる！」

里《さ》谷《とや》多《た》英《え》の金メダル

まだ競技人口の少なかったモーグルの世界で、上村《うえむら》はめきめきと頭角をあらわした。

もともと得意だったアルペンスキー。

その技術を活かし、１年後には全日本選手権で3位入賞。

１９９８年には高校３年生のオリンピック選手として地元開催《かいさい》にわく長野大会に出場し、７位入賞の活躍《かつやく》。

さらに愛らしい笑顔で一気に人気者になった。

上村《うえむら》にとって長野大会は夢のような楽しいできごとの連続だった。

その思い出のなかには彼女《かのじょ》の心の中に強いかがやきを放ちながら住みついたものがある。

チームメイトの里谷多英《さとやたえ》が、冬季オリンピックで日本女子としてはじめてかくとくした金メダルだ。

里谷《さとや》は上村《うえむら》にとって、ナショナルチームでともに過ごしてきた姉のような存在。

そんな里谷《さとや》が世界一になったことで、縁《えん》がないと思っていた金メダルが上村《うえむら》にも身近に感じられたのだ。

「私も、キラキラしたあの金色のメダルがほしい！」

次のオリンピックに向けて確かな目標ができた上村《うえむら》。

その翌年からさまざまな国際大会で世界トップの選手たちと肩《かた》を並べるような成績をおさめる。

２００２年ソルトレークシティ大会の前年には世界ランク2位の座を手にした。コーチたちもおどろく成長ぶりで、早くもオリンピックの金メダルをねらえる位置についたのだった。

と、ここまでとんとん拍子《びょうし》に話を進めてきたが、その間上村《うえむら》にまったくなやみがなかったわけではない。

ゲレンデをはなれれば、上村《うえむら》もおしゃれにびんかんなふつうの高校生だ。

一番の関心事は、

「どうしたら体が細く、スタイルがよくなるか」

流行りの洋服の似合うスラッとした体型になりたくて、太りそうな食事はさけ、ダイエットにはげむ。

のびざかりのスポーツ選手としては、とんでもない話だ。

案の定、ぎりぎり最低限の食事をつづけていたら、貧血でたおれた。

試合中でもチョコレートなどで栄養補給が必要なほど、エネルギー不足だった。

とはいえ、金メダルにねらいをさだめてからは、生活のすべてをモーグルのために組み立てるようになった上村《うえむら》。

本来、彼女《かのじょ》はものごとを要領よくこなせるタイプではない。

気が優しく人とぶつかることが苦手な、「天才肌《てんさいはだ》」とはほど遠い性格だ。

だから、コーチの言うことをよくきいて地道にコツコツと努力することで、能力をのばしてきた。

細かい積み重ねを大切にし、近道をしない。

上村《うえむら》にとって長野大会からソルトレークシティ大会までの４年間は、努力をひとつひとつ積み重ねる長い時間だった。

そして２００２年。

上村《うえむら》は金メダル候補としてソルトレークシティ大会に出場する。

うまくいったと思ったのに

出場するだけでうれしかった４年前。

今はあのときとはちがう。

金メダルをめざして乗りこんだこの大会。

まわりのひとびとの期待もあり、感じたプレッシャーは想像以上だった。

だが、上村《うえむら》は「攻《せ》める」気持ちを前面にだして競技にのぞんだ。

予選を4位で通過すると、決勝では思いきってスピードにのり、ダイナミックなエアを成功させる。

歓声《かんせい》に包まれながら、満面の笑顔でゴールしガッツポーズをする上村《うえむら》。

手ごたえは十分だ。

ワクワクしながら電光掲示板《でんこうけいじばん》の順位表示をまつ。

しかし、あらわれた数字は想像もしていなかったものだった。

「4」

残りの選手のすべりを待たずに、上村《うえむら》のメダルの夢は断たれてしまったのだ。

すべての選手が競技を終えての順位は、6位だった。

それでも、記者やテレビカメラの前では笑顔を見せつづけた上村《うえむら》。

くやしい現実にさらされても、ひとびとを幸せな気持ちにする「愛子《あいこ》スマイル」は失われなかった。

自分の気持ちよりもまわりの人の気持ちをいつも大切にする、上村《うえむら》ならではの心づかいだ。

でも上村《うえむら》の心の中は、くやしさと悲しさでいっぱいだった。

うまくいったと思ったのに、なぜ……。

そんな上村《うえむら》の心をなぐさめたのは、順位が表示されたときに会場じゅうにひびいた観客のブーイングだった。

上村《うえむら》にかわって観客が、順位に対して抗議《こうぎ》の声をあげてくれたのだ。

上村《うえむら》は心の中で、観客に感謝した。

そして思った。

みんなの応援《おうえん》にこたえたい。

次のオリンピックでは絶対に金メダルをとるんだ。

表彰《ひょうしょう》台が、オリンピックでは遠い

その後、上村《うえむら》はワールドカップで初の１位になる。

経験を積み実力をのばした上村《うえむら》。

新しいコーチのもとでエアの技術を強化。

女子選手では世界でも数人しかできない「コークスクリュー７２０」という大技を

ひっさげて、２００６年トリノ大会に乗りこんだ。

26歳《さい》、選手としてももっともかがやける年齢《ねんれい》だ。

しかし結果は、ソルトレーク大会からひとつ順位を上げた5位。

大技にかけるあまり、コブをすべるターンのスピードとエアの高さに不足があり、得点がのびなかったのがくやまれた。

ワールドカップで何度も上がっている表彰《ひょうしょう》台が、オリンピックでは遠い……。

それでも彼女《かのじょ》は、ひとびとに向かって笑顔で感謝の言葉をのべた。

「応援《おうえん》してくれるみんなに申し訳ない」

という気持ちを心にかくして。

そんな上村《うえむら》に、日本から応援《おうえん》にきていた家族や友人からプレゼントが手わたされた。

それは、手作りの金メダルだった。

本物よりもずっと大きくて、キラキラ光るメダル。

そのメダルには、たくさんの温かいメッセージが書かれていた。

上村《うえむら》の目から涙《なみだ》があふれた。

うれしかったと同時に、つらかった。

私がみんなに、本物の金メダルをプレゼントしたかったのに……。

３大会目でもかなわなかったその夢を、上村《うえむら》はまた４年後にたくすことになる。

２００７年から２００８年にかけてのシーズンで、上村《うえむら》はワールドカップを５連勝して日本選手初のワールドカップ女子総合優勝をはたした。

２００９年には、世界選手権で2冠《かん》の女王となった。

そして２０１０年、30歳《さい》の上村《うえむら》は、金メダル最有力候補としてバンクーバー大会にのぞんだ。

心を鬼《おに》にする

大会の直前に判定基準が変更《へんこう》され、上村《うえむら》の武器である雪面を急な角度で刻むようなするどい「カービングターン」があまり評価されなくなったのは不安材料だったが、全力を出せば結果はついてくるはずだ。

バンクーバーではただ勝つのではなく、圧倒《あっとう》的に強いすべりをして金メダルをとりたい、と上村《うえむら》は考えていた。

これまでのオリンピックへの挑戦《ちょうせん》で、上村《うえむら》はひとつの反省点をみつけていた。他の大会には平常心でのぞめても、周囲の期待や応援《おうえん》の声の大きいオリンピックでは、気づかいが先に立って自分自身を二の次にしてしまい、全力を出しきることができないという反省だ。

今回は心を鬼《おに》にしても、自分の競技を最優先に考え、喜怒哀楽《きどあいらく》も封《ふう》じて強くストイックな自分をつくりあげよう。

年齢《ねんれい》的にも今回が集大成。

金メダルをとることが、何よりのみんなへの恩返しになるんだ。

なんでこんな、一段一段なんだろう

決勝で、上村《うえむら》独特のキレのよい動きは観客をわかせた。

全力のすべりができた。

今度こそ……。

しかし、電光掲示板《でんこうけいじばん》の順位は、あと4人をのこして2位というあやういもの。

上村愛子

そして、最後にすべった選手が全選手中最高得点を出したとき、上村《うえむら》は表彰《ひょうしょう》台の座からすべりおちた。

長野で7位、ソルトレークシティで6位、トリノで5位。

そしてバンクーバーで4位。

競技後のインタビューで、上村《うえむら》は、

「なんでこんな、一段一段なんだろう」

という言葉とともに、大つぶの涙《なみだ》を流した。

「全力のすべりをみなさんにお見せできたことがうれしい」

笑顔の表情はそのままで、涙《なみだ》は流れつづけた。

本当の自分になって挑戦《ちょうせん》したい

バンクーバー大会の後、上村《うえむら》はモーグル競技からはなれた。

年齢《ねんれい》を考えれば、この大会を区切りに引退するのも自然な流れだろう。

そうおおくの人たちには思われた。

モーグルをつづけるかどうか、上村《うえむら》のなかで結論は出ていなかった。

ただ、少しはなれて考えたかった。

競技生活中にはできなかった旅行などさまざまな体験をした。

そのなかで上村《うえむら》は、バンクーバー大会までの間、強い自分でいるためにまとっていた心の鎧《よろい》が一枚一枚ぬげていくのを感じていた。

そして、ゲレンデの外で出会うたくさんのひとびとの、

「オリンピック、見てたよ」

「がんばってね」

という温かい声のひとつひとつが、心にしみ入っていった。

自分が誇れるものはやっぱり、スキー。

本当の自分になって、最後のオリンピックに挑戦《ちょうせん》したい。

バンクーバー大会から1年半後、上村《うえむら》はもどってきた。

競技の世界は移り変わりがめまぐるしい。

若い選手の台頭はもちろん、評価される技術のスタイルもどんどん変わっていく。

モーグルをはなれていた1年半という期間は、上村《うえむら》と表彰《ひょうしょう》台との距離《きょり》をさらに遠い

ものにしていた。

でも、そんなことは承知のうえだ。

気持ちはおおらかに、でもトレーニングは徹底《てってい》的に。

自分を極限まで追いこんで体づくりをした。

若いころよりも筋肉がつきにくくなっているにもかかわらず、腹筋や太ももの筋肉はバンクーバー大会のころよりも大きくなった。

10歳《さい》も年下の男子選手に習いながら、難易度の高いエアに挑戦《ちょうせん》した。

あえて難しいチャレンジをすることで自分が前に進める、と信じてのことだ。

そんな上村《うえむら》の姿は若い選手たちの尊敬をあつめ、彼《かれ》らの見本になっていた。

何色でもいい、とにかくメダルがほしい。

この一念は、それまでのどのオリンピックよりも強かった。

上村《うえむら》愛子《あいこ》、集大成のすべり

オリンピックシーズンが到来《とうらい》した。

ワールドカップ開幕戦で３位の表彰《ひょうしょう》台に乗り、その後疲労《ひろう》で調子を落とした。
だがオリンピック前最後の試合で２位にかがやく。
そして２０１４年２月。
ソチ大会の幕が明けた。
ソチはコース史上まれに見る難コースといわれ、予選から脱落《だつらく》する選手が続出した。
日本のチームメイトも負傷などでとちゅう棄権《きけん》をよぎなくされていった。
そんななか、上村《うえむら》は決勝までたどりついた。

日本のオリンピックファンで上村《うえむら》のことを知らない人はいない。
みな、上村《うえむら》が１９９８年長野大会から一段一段、階段を上がっていくのを見てきた。
くやしい気持ちの上に笑顔を乗せつづける姿も見てきた。
５大会目のこのソチが彼女《かのじょ》にとって最後の挑戦《ちょうせん》になるであろうことも知っている。
だからどうか、今度こそ上村《うえむら》愛《あい》子《こ》にメダルを。
会場はもちろん、日本でも、おおくの視聴《しちょう》者が祈《いの》るようにテレビ画面を見つめる。
「上村《うえむら》愛《あい》子《こ》、集大成のすべりです」
テレビ中継《ちゅうけい》のアナウンスをバックに、上村《うえむら》が夜の空気を吸って、スタートし、だれよりも果敢《かかん》に攻《せ》める。

この日の競技者トップのスピードでコブを下り、エアを舞《ま》う。

解説者がさけんだ。

「すごい、今までで最高のすべりです！」

両手を高く上げながら、上村《うえむら》はフィニッシュラインをこえた。

最後のすべりは、すがすがしい顔で

結果を言ってしまおう。

今回もメダルかくとくはならなかった。

７位から階段を一段ずつのぼってきた順位は、最後は足ぶみをして４位で終わった。

けれど、競技後の上村《うえむら》の顔は、すがすがしかった。

ブランクをこえて挑戦《ちょうせん》した最後のオリンピックでもメダルを争う戦いができたこと、自分らしい最高のパフォーマンスを出せたこと、みんなに伝わるようなすべりができたことがうれしいと、上村《うえむら》は言った。

笑顔の下に、くやしさを秘めていたかもしれない。

でも、ソチ大会をすべりきったことで、これまでの競技人生を他ならぬ上村《うえむら》自身が認めることができたということを、その表情は物語っていた。

応援《おうえん》してくれるひとびとへの感謝をメダルという形でしめしたいと、彼女《かのじょ》はずっと願っていた。

でもひとびとは上村《うえむら》から、もう十分なプレゼントをうけ取っていた。

5大会を戦いぬいた彼女《かのじょ》の、物語だ。

永遠のかがやき

上村愛子《うえむらあいこ》が16年をかけて観る者たちに伝えたものがいくつかある。

どれだけ願っても、努力しても、かなわない夢があるということ。

そして本当にかがやいて見えるのはメダルではなく、一心に夢を追う選手の努力の過程そのものであるということ。

そこにメダルがなくても、私たちは彼女《かのじょ》の16年間のかがやきを忘れない。

【参考文献】

『やさしく、強く、そして正直に　弱い心との向き合い方』上村愛子（実業之日本社）２０１０
『上村愛子　Ｓｍｉｌｅ！　笑顔が教えてくれたこと』山石やすこ（実業之日本社）２００６
「天馬空を行く　明日笑うため、今日頑張ろう　情熱を保つためのメンタル術」（注目企業．ｃｏｍ）
「ＮＨＫアスリートの魂」（ＮＨＫ総合）２０１４

第6章

仲間の金メダルを命がけで支えた若者たち

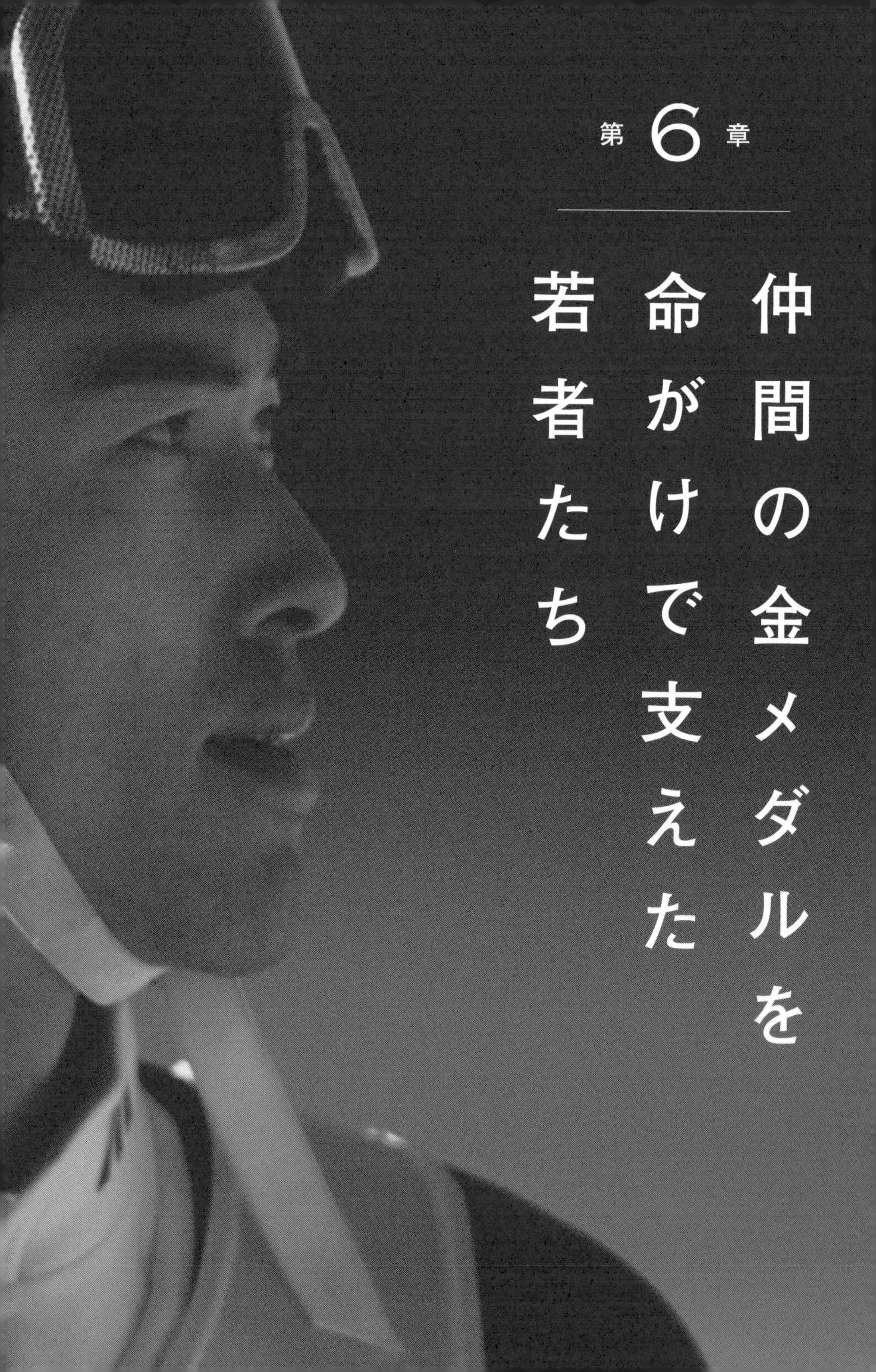

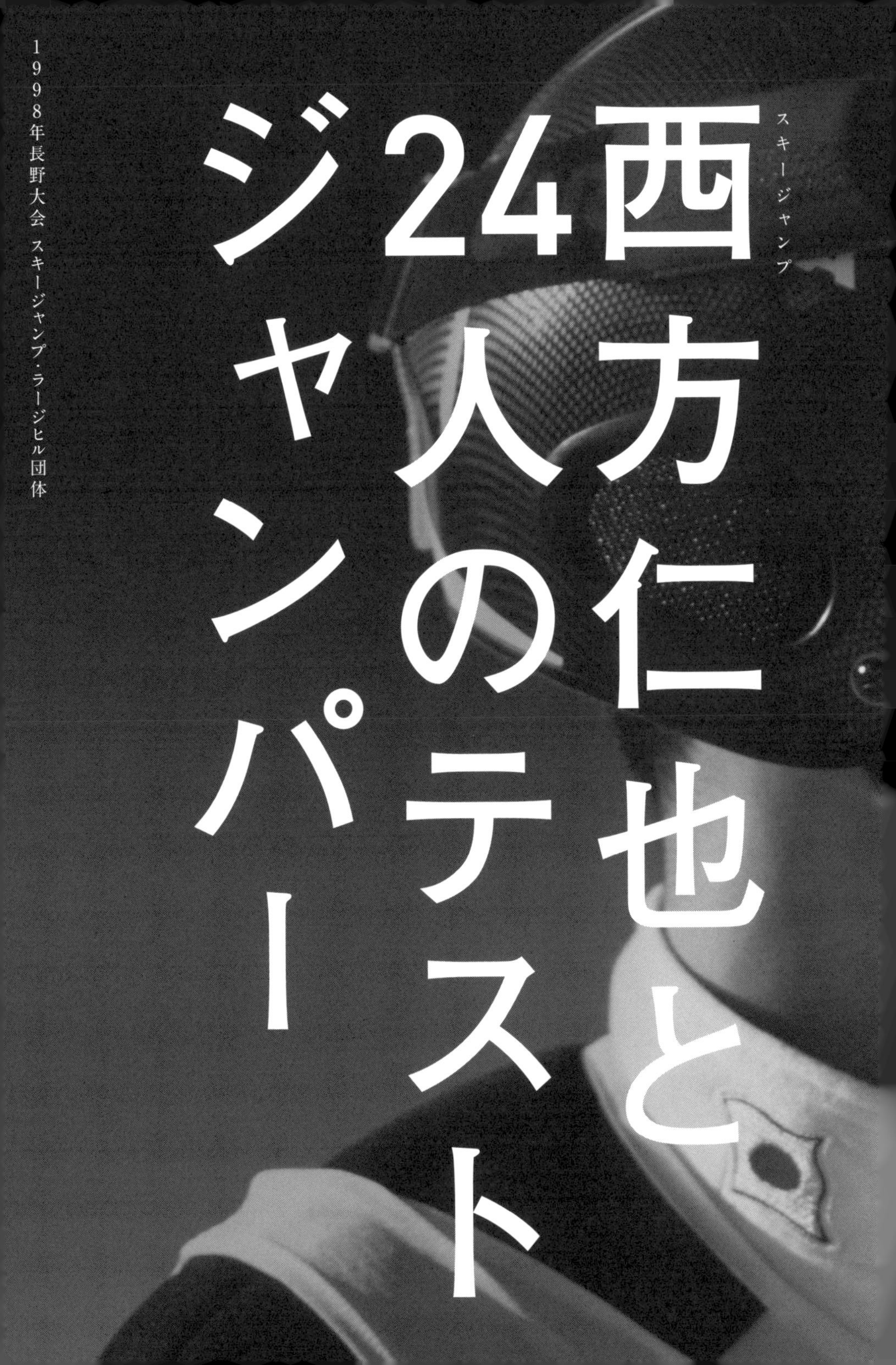

スキージャンプ

西方仁也と24人のテストジャンパー

1998年長野大会　スキージャンプ・ラージヒル団体

１９９８年長野大会スキージャンプ・ラージヒル団体がおこなわれた2月17日。

この日は、早朝から吹雪《ふぶき》だった。

競技開始時間は午前９時30分。

それまでに、助走するアプローチと、着地して滑走《かっそう》するランディングバーンを整地しておかなくてはならない。

その役割を担っているのがテストジャンパーだ。

テストジャンパーとは、ジャンプ競技が安全におこなわれるように、選手たちが飛ぶ前に実際のジャンプ台を飛んで、アプローチやランディングバーンに危険がないか確認したり、雪の多い日は雪をふみ固めたりする役目をはたす。

また、テストジャンパーの助走速度や飛距離《きょり》をみて、選手のスタート位置が調整される。

競技をおこなう選手の実験台となるのがテストジャンパーである。

ジャンプという競技には欠かせないスタッフなのだ。

この日は25人のテストジャンパーが朝６時からジャンプ台に立った。

吹雪《ふぶき》は開始時刻の９時30分になってもやまなかった。

天気の回復をまち、30分後の10時に競技が開始された。

アナウンサーの絶叫《ぜっきょう》

日本の1回目がはじまった。

1人目の岡部《おかべ》孝信《たかのぶ》はK点（120メートル）をこえてきた。

2番手の斉藤《さいとう》浩哉《ひろや》は、なんと130メートルの大ジャンプだ。

そして3番手は原田《はらだ》だった。

その原田《はらだ》のスタート直前、急激に雪がひどくなった。

風もジャンプに不利な追い風だ。

原田《はらだ》は失速して79・5メートル。

控室《ひかえしつ》でテレビを見ていたテストジャンパーは、原田《はらだ》が失速する映像とともに、アナウンサーの絶叫《ぜっきょう》を聞いた。

「あーっと！　原田《はらだ》、のびません！」

みんな4年前の悪夢を思い出した。

テストジャンパーの1人が言った。

「どうして原田《はらだ》さんのときだけ、こう（悪天候）なんだ」

金メダルのものすごい重圧

４年前の悪夢、それは１９９４年リレハンメル冬季オリンピックのスキージャンプ・ラージヒル団体のことだった。

日本チームのメンバーは、西方仁也《にしかたじんや》、岡部孝信《おかべたかのぶ》、葛西紀明《かさいのりあき》、原田雅彦《はらだまさひこ》の４人。

金メダルの行方は、日本とドイツにしぼられた。

ドイツは強かった。

ジャンプが安定している。

一方、日本は西方《にしかた》、岡部《おかべ》、葛西《かさい》が、ドイツを上回る大ジャンプをみせた。

Ｋ点ごえの連発である。

飛型点も高い。

ドイツの２回目、その４人目、最後の選手バイスフロクがきれいなジャンプを決めた。

西方仁也と24人のテストジャンパー

だが、日本は３人目の段階で、ドイツのポイントを大幅《おおはば》に引きはなしていた。

バイスフロクのポイントをくわえると、原田《はらだ》が失敗せずに１０５メートル以上飛べば、日本は金メダルをかくとくできるという計算になる。

飛距離《きょり》１０５メートルは、実力者の原田《はらだ》なら問題なく飛べる。

１本目は１２２メートルを飛んでいる。

「あとは原田《はらだ》がふつうに飛んでくれればいい」

日本のみんなが金メダルを確信した。

すでに飛び終えた３人も、金メダルを手にしたものと思っていた。

原田《はらだ》が飛んだ。

だが、いつもの力強さがない。

とちゅうで失速し、すーっと落ちてしまった。

テレビのアナウンサーが言う。

「高いジャンプだ！　のびてくる、のびてくる！　落ちません……。

おーっと、失速した！　失速しました……」

原田《はらだ》のジャンプは１００メートルにとどかなかった。

うずくまる原田《はらだ》。

ぼうぜんとする日本の3選手。
信じたくないつらい結果だった。
目の前にあった金メダルは一瞬《いっしゅん》にしてドイツの手にわたってしまったのだ。
原田《はらだ》はプレッシャーに勝てなかった。
金メダルのものすごい重圧にたえることができなかったのだ。
そして日本チームは2位。
そのチームにいた西方仁也《にしかたじんや》は、長野大会ではテストジャンパーの1人だった。

テストジャンパーは、ただの実験台

北海道出身のスキージャンパーが圧倒《あっとう》的に多いなかで、西方《にしかた》は長野県出身だった。
今回は地元開催《かいさい》の長野オリンピックだ。
この場所で4年前のリベンジをはたしたかった。
しかし、腰《こし》を故障してしまった西方《にしかた》は、本来のジャンプができなくなってしまい、
長野大会の代表には選ばれなかった。

西方仁也と24人のテストジャンパー

くやしかった。

その西方《にしかた》に、長野オリンピックのテストジャンパーになってほしいという依頼《いらい》がきた。

テストジャンパーは、選手とは大きなちがいがある。

まず、選手村やホテルに泊《と》まることができない。

長野大会のテストジャンパーは民宿に泊《と》まって白馬のジャンプ場に通うのだ。

同じジャンプ場の同じジャンプ台から飛ぶのに、選手たちのように「競技」ができない。

ジャンプをしても、飛距離《きょり》を計測してもらえず、飛型点も評価されない。

テストジャンパーは、ただの実験台であり裏方のお手伝いなのだ。

そこには、表舞台《ぶたい》に立つ者と裏方のちがい、選ばれた者とささえる者の大きなちがいがあった。

４年前の銀メダリストである西方《にしかた》にとっては、選手として立つべき舞台《ぶたい》にテストジャンパーとして立つことに大きな抵抗《ていこう》があった。

それでも西方《にしかた》はその役割を引きうけた。

「オリンピックのジャンプ」に、彼《かれ》なりのピリオドを打つためだった。

長野オリンピックのテストジャンパーは西方《にしかた》をふくめて25人。

そのおおくはオリンピック出場をめざして練習してきた、日本トップクラスの競技者たちだった。

みんな選手としてジャンプ台に立ちたかった。

だが、ほんの少しの差で代表をのがしたという、くやしい気持ちを持っていた。

彼《かれ》らのなかには高校生ジャンパーや女子のジャンパー、障がいをもつジャンパーもいた。

テストジャンパーが心から望んでいたもの

みんな、くやしさを乗りこえてここに来た。

そして、彼《かれ》らは気持ちを切りかえた。

大会が成功するために、そして参加するすべての選手が無事に競技をおこなえるように、献身《けんしん》的に飛んだ。

だが、彼《かれ》らが心から望んでいたものは、日本チームの金メダルだった。

失速した原田《はらだ》がもどってきたころ、西方《にしかた》は原田《はらだ》に会いにいった。

その表情があまりにもがっくりとしていたため、声をかけることができなかった。

原田《はらだ》はジャンプスーツのファスナーを開いて、すわりこんでいた。

西方《にしかた》や葛西《かさい》とともに飛び、戦う

よく見るとスーツの下には、以前に西方《にしかた》が原田《はらだ》に貸したアンダーウェアが見えた。

グローブは葛西紀明《かさいのりあき》のものだった。

４年前のリレハンメルでいっしょに飛んだチームメイトで、長野の団体メンバーに選ばれなかった２人のだいじなものを身につけていたのだ。

原田《はらだ》は４年前のあの日のことをけっして忘れていなかった。

原田《はらだ》は自分自身の名誉《めいよ》回復やリベンジだけのために飛んでいるのではなかった。

自分が西方《にしかた》や葛西《かさい》とともに飛び、戦うことで、いっしょに金メダルをとろうとしていたのだ。

それが原田《はらだ》流の４年前の罪ほろぼしだった。

「原田《はらだ》……」

西方《にしかた》は原田《はらだ》の気持ちをかみしめた。

日本のジュリー以外は中止に

ジャンプは日本の4人目・船木《ふなき》和喜《かずよし》が飛び、K点近くに着地した。
4人が1回目を飛び終わった。
1位オーストリア、2位ドイツ、3位ノルウェー、4位日本。
日本の4位という結果には、原田《はらだ》の失速が影響《えいきょう》していた。
全チームの1回目が終わり2回目に入ったとき、競技が中断した。
天候悪化が原因だった。
なかなか吹雪《ふぶき》はおさまらない。
もし、このまま悪天候のため競技が中止になれば、そのときの順位が最終順位になる。
日本は金メダルどころか、メダルなしの4位に終わってしまう。

吹雪《ふぶき》はますますひどくなる。

４人のジュリー（審判《しんぱん》委員）によって話し合いがおこなわれた。

その４人はたまたまこのときの１位から４位の国の代表だった。

オーストリアのジュリーはこのまま中止になれば金メダルが確定するため、競技中止を主張した。

日本のジュリー以外は中止にかたむいていた。

彼《かれ》らなら無事に飛んでくれる

このときの日本のジュリーは笠谷昌生《かさやあきお》。

この種目の競技委員長だ。

彼《かれ》は１９７２年札幌《さっぽろ》オリンピックのスキージャンプ70メートル級（現在のノーマルヒル）で、金メダルにかがやいた笠谷幸生《かさやゆきお》の兄である。

笠谷昌生《かさやあきお》は26年前の札幌《さっぽろ》大会を思いだしていた。

弟の力強く美しいジャンプ、そして表彰台《ひょうしょうだい》のもっとも高い場所で手をふる姿。

ジュリーはもちろん公正中立な立場がもとめられる。

日本だけが有利になるような判断はゆるされない。

競技委員長の笠谷《かさや》はなやんだ。

そして、条件つきでの競技の続行を強く主張した。

「この吹雪《ふぶき》が選手にとって危険かどうか、テストジャンパーに飛んでもらって確認すればいい。彼《かれ》らがしっかりと飛べるなら問題ないだろう」

審判《しんぱん》委員は、テストジャンパーによるジャンプを見て競技の続行を判断することにした。

それはすぐにテストジャンパーたちへ伝えられた。

笠谷《かさや》は信じていた。

「彼《かれ》らならやってくれる」

記録にも残らない

命がけのジャンプ

25人のテストジャンパーは、急いで準備をはじめた。

「中止になんて、させるものか！」

彼《かれ》らの壮絶《そうぜつ》な戦いがはじまった。

このまま競技が中止になれば日本がメダルをかくとくできない。

それは、25人みんながよくわかっていた。

競技が中断するほどの危険な吹雪《ふぶき》にもかかわらず、テストジャンパーは飛ばなくてはならない。

だが、だれ1人としてこばむ者はいなかった。

しっかりと飛んで着地する。

そして、安全であることを証明して競技再開が問題ないことを示す。

絶対に転倒《てんとう》はできない。

そんなことになっては、危険な状態だと判断されて競技が中止になってしまう。

きれいに飛ばなくてはならない。

そして、できるかぎり遠くへ。

前が見えないほどの吹雪《ふぶき》だった。

テストジャンパーは恐怖《きょうふ》と戦いながら飛んでいった。

命がけだった。

テストジャンプに成功すれば、競技が再開されて、日本チームが逆転してくれる。

それを信じて飛んだ。

25人は間隔《かんかく》をあけず、次つぎと飛んでいった。

間隔《かんかく》をあけるとその間に雪がアプローチに積もったままになってしまうからだ。

間隔《かんかく》をつめれば雪がきれいにふみ固められてアプローチがすべりやすくなり、選手たちがスムーズに滑走《かっそう》できるようになる。

高橋竜二《たかはしりゅうじ》は耳に障がいがあるテストジャンパーだった。

彼《かれ》は１３０メートルの大ジャンプを飛んだ。

選手以上のジャンプだった。

選手とちがっていたことは、拍手《はくしゅ》もなければ声援《せいえん》もなく、記録にも残らないことだった。

これが日本のジャンパーの実力だ

それでもテストジャンパーはひたすら飛んだ。

西方仁也と24人のテストジャンパー

彼《かれ》らのジャンプを真剣《しんけん》に見ている観客などいなかった。

テストジャンパーが何を考え、何と戦っているかを想像する観客は１人もいなかった。

だが、テストジャンパーは危険をかえりみずに戦っていた。

自分のためではなく、４人の代表選手のため、日本選手団のため、そして日本チームを応援《おうえん》するすべての人のために飛んだ。

美しく大きなジャンプを次つぎに決めていった。

「ほら見ろ、これが日本のジャンパーの実力だ」

と笠谷《かさや》はほこらしい気持ちで他のジュリーたちを見た。

つらい気持ちをこらえながら
テストジャンパーをやっている

ところが、ヨーロッパのジュリーたちはなかなか納得しない。

「あのテストジャンパーのなかには、４年前のリレハンメル大会の銀メダリストである西方仁也《にしかたじんや》がいるんだ」

その笠谷《かさや》の言葉にジュリーたちは反応した。

「どうしてオリンピックの銀メダリストが、テストジャンパーなどをやっているのか」

「彼《かれ》はケガをして、この大会に出られなかった。でも、長野大会のジャンプがうまくいくように、彼《かれ》はつらい気持ちをこらえながらテストジャンパーをやっているのだ」

「そうだったのか……」

ジュリーたちは話し合った。

その結果、西方《にしかた》が安定したジャンプでよい結果をだせば競技を再開してもいい、ということに決まった。

再開いたします

４人の代表選手、西方《にしかた》以外の24人のテストジャンパー、４人の審判《しんぱん》委員が、西方《にしかた》のジャンプに注目する。

降り止まぬ吹雪《ふぶき》のなか、西方《にしかた》は飛んだ。

K点を超《こ》える123メートル。

みごとなジャンプだった。

拍手《はくしゅ》も声援《せいえん》もなく記録にも残らない。

だが、とてつもなく大きな意味のあるジャンプだった。

ジュリーたちは納得して、競技の続行を決めた。

会場に「再開いたします」というアナウンスが流れる。

「やったー！」

25人のテストジャンパーはさけんだ。

原《はら》田《だ》の意地

日本チームが2本目に向かうとき、原《はら》田《だ》が25人のテストジャンパーがいる控室《ひかえしつ》に顔を出した。

原《はら》田《だ》は笑顔になっていた。

「よし、いくぞー！」

２本目は、岡部《おかべ》が１３７メートル、斉藤《さいとう》１２４メートル。

そして原田《はらだ》は岡部《おかべ》と同じ１３７メートルの大ジャンプ。

最後は船木《ふなき》が１２５メートルを飛んだ。

その結果、日本チームの金メダルが決まった。

リレハンメルの銀より、長野の金

４人の選手はころげまわりながら全身で喜びをあらわす。

吹雪《ふぶき》のなか、大歓声《かんせい》がひびきわたる。

その直後、原田《はらだ》がインタビューをうけた。

チームの勝因と彼《かれ》自身のリーダーシップについて聞かれたとき、原田《はらだ》は涙《なみだ》を流しながら言った。

「おれじゃないよ、みんななんだよ……」

この「みんな」のなかには、25人のテストジャンパーがいる。

のちに西方仁也《にしかたじんや》は語った。

「（自分がとった）リレハンメルの銀メダルより、（自分がテストジャンパーをつとめた）長野の金メダルのほうが、ぼくは感動しました」

【参考文献】
『試走者たちの金メダル』伊藤龍治（北海道新聞社）１９９８
スポーツ大陸「絆でつかんだ栄冠〜長野五輪 ジャンプ団体〜」（ＮＨＫ総合テレビ）２００９
奇跡体験！アンビリバボー「五輪秘話 日本初の金メダル！テストジャンパーの奇跡」（フジテレビ）２０１４

第7章

新たな目標に向かって
前進しつづける
車いすアスリート

車いすマラソン

土田和歌子

1998年長野大会　アイススレッジスピードレース女子　1000m・1500m／金、100m・500m／銀

2000年シドニー大会　女子車いすマラソン／銅

2004年アテネ大会　女子車いす　5000m／金、女子車いすマラソン／銀

2008年北京大会　女子車いす　5000m／途中棄権

2012年ロンドン大会　女子車いすマラソン／5位

2016年リオデジャネイロ大会　女子車いすマラソン／4位

復活しつづける強さ

22年にわたり、冬季・夏季あわせてパラリンピックに7回連続出場している車いすのトップアスリート・土田和歌子《つちだわかこ》。

長野大会のアイススレッジスピードレースで金２つをふくむ４つのメダルをかくとくしたのち、陸上競技に転向。

レース用車いす「レーサー」と一体となり、時速30キロにも達する迫力《はくりょく》あるスピードでコースを駆《か》けぬける。

シドニー大会では５０００メートルで金メダルにかがやく。

日本人初の「冬季・夏季両方のパラリンピック金メダリスト」となった。

大分国際車いすマラソン大会で世界記録を樹立する一方、レース中に大ケガを負う不運にも見まわれる。

だが復活し、立ち止まることなく、いくつもの壁《かべ》を乗りこえて、常に新しいステージを切り開いてきた。

現在も、パラ3競技目の金をめざし、東京大会へ向けて新たな挑戦《ちょうせん》に取り組んでいる。

高校2年生、17歳《さい》のとき。

土田《つちだ》は友人とドライブ中に交通事故にあう。

脊髄《せきずい》損傷を負ってひざから下が動かなくなり、車いす生活を送ることとなった。

もともと体を動かすことが好きだった土田《つちだ》は、リハビリのいっかんとして、病院内の施設《しせつ》でスポーツをはじめた。

「やってみたい。

自分がどこまでできるのか知りたい」

好奇心旺盛《こうきしんおうせい》な土田《つちだ》は、スポーツ用の車いすで速く走れることが楽しかった。

1年の入院生活に耐《た》えたのち、東京都の陸上大会・100メートル走で優勝すると、一気にモチベーションが高まった。

1993年に徳島でおこなわれた身体障がい者スポーツ大会。

そこでは、100メートル走とハンドボール投げに出場し、どちらも優勝した。

すると、楽しいだけのスポーツから、競技スポーツへと意識が変わった。

車いすを使うことになった自分でなければできないこと、夢中になれるものを見つけたのだ。

好《こう》奇《き》心《しん》は原動力！

車いすバスケットにも取り組んでいたころ、長野県でおこなわれたアイススレッジスピードレースの講習会にさそわれて、軽い気持ちで参加した。

アイススレッジスピードレースは、スケートの刃《やいば》のようなブレードが底に2枚ついた特製のそり（スレッジ）に乗って氷の上をすべる競技だ。

ノルディックスキーのストックを両手に持ち、氷をかきながらゴールまでの速さを競う。

「どれくらいのスピードがでるんだろう？」

持ち前の好《こう》奇《き》心《しん》を発揮。

実際にそりに乗ってみる。

クルクル回ったりすることもできて楽しかった。

するとノルウェー人の講師から、

「きみは素質があるな」

とほめられた。

そして、３か月後にせまっていた１９９４年冬季パラリンピック・リレハンメル大会に日本代表として出場することになった。

当時は競技人口も少なかったこともあり、キャリアの浅い19歳《さい》の土田《つちだ》にチャンスが回ってきたのだ。

アイススレッジスピードレースは、当時日本であまり知られていない競技だった。

山梨県のスケートリンクで練習をしているときのこと。

先の部分が刃《やいば》になっているストックが氷を大きくけずってしまう。

そのため、まわりの客にじゃま者あつかいされる。冷ややかな声も聞こえた。

前向きな性格の土田《つちだ》だったが、障がい者スポーツへの無理解がくやしくて、思わず涙《なみだ》を流した。

だが、

「こんなことには負けない。いちいち傷ついていられない」

と、逆に気持ちが強くなった。

障がい者スポーツの代表に

こうしてリレハンメル大会に出場するも、アスリートとしては体も心もまだまだ未熟なままだったので、結果は惨敗《ざんぱい》。

海外の選手との大きな差を思い知らされた。

しかし、そのくやしさは、ばねになった。

目標を４年後の長野大会にさだめる。

ノルウェーに遠征《えんせい》してノウハウや技術を学び、日々練習に打ちこんでリベンジをちかった。

そしてむかえた長野大会。

練習の成果を存分に発揮した。

１０００メートルと１５００メートルで金メダル。

１００メートルと５００メートルでは銀メダル。

あわせて4つのメダルをかくとくした。

「自国でのパラリンピックは、応援《おうえん》してくださる方々の気持ちがダイレクトにとどきます。

金メダルが決まった瞬間《しゅんかん》にワッと広がる明るいオーラもすごくて、興奮しました」

こうして土田《つちだ》の競技人生は、本格的に幕を開ける。

そして、障がい者スポーツを代表する選手として一躍《いちやく》注目をあびることとなった。

夏季競技への挑戦《ちょうせん》

1996年ごろからは、車いす陸上競技にも取り組みはじめていた。

アイススレッジスピードレースは、長野を最後にパラリンピック競技からはずされることが決まっていたからだ。

冬季競技から夏季競技へ――。

新たな挑戦《ちょうせん》の場を氷上から陸上へと移し、車いすマラソンに転向することを決めた。

マラソンの距離《きょり》は、オリンピックと変わらない42・195キロだ。

環境《かんきょう》の変化は大きかったが、土田《つちだ》は世界の頂点に立つことをめざして、ただひたすら前へと進んだ。

初参加で銅メダル

競技用の車いすは、「レーサー」とよばれる。

後方の大きな二輪、前方の小さめの一輪からなる、細長い形をした三輪タイプの特製で、カーボンとアルミのフレームで組まれている。

後輪は、かたかなの「ハ」の字のようにななめになっていて、高速でカーブを回っても安定感がある。

土田《つちだ》は座面に正座する格好で乗りこむ。

グローブをはめた両手で、後輪のリム部分をはげしくたたきつけるように強く送りだしてスピードを上げ、コントロールする。

腕《うで》の筋力だけでなく、腹筋や背筋もフルに使う。

そして前傾《ぜんけい》姿勢で、コースを駆《か》けぬけるのだ。

土田和歌子

その時速は30キロにもおよぶ。

土田《つちだ》の努力は、はじめて参加した夏季パラリンピック、シドニー大会で実を結ぶ。世界の強豪《きょうごう》選手たちと競うマラソンで、銅メダルをかくとくした。

夏・冬両方の金メダリストに

２００１年からは、練習環境《かんきょう》を整えるため、オリンピアンである参議院議員・橋本《はしもと》聖子《せいこ》が主催《しゅさい》するセイコ・ハシモト・インターナショナル・コーポレーション（ＳＨＩ）に所属する。

得意な持久系の長中距離《きょり》にしぼって、筋力アップを図り、トレーニングにはげんだ。

同じ年、車いすだけのマラソンの国際大会として世界最大かつ最高レベルをほこる大分国際車いすマラソンで１時間38分32秒を記録。当時の世界記録を１分以上も更新《こうしん》した。

そして次のアテネ大会では、マラソンで銀、５０００メートルではついに金メダルをかくとくした。

土田《つちだ》は日本人初の、「夏・冬両方のパラリンピックの金メダリスト」となったのだ。

競技と育児の両立
家族は大切な力

生活面でも、大きな変化があった。

２００５年、ＳＨＩのトレーニングパートナーだった髙橋《たかはし》慶樹《けいじゅ》氏と結婚《けっこん》。

翌年に長男を出産した。

それからわずか３か月で選手に復帰。

ママアスリートとなった土田《つちだ》は、体への負担や練習量の制限などもありながら、いっそう競技に取り組んだ。

「競技と子育ての両立は簡単ではありません。

どちらも体を使うし、気をぬけない仕事ですから。

でも、家族はチーム。

同じ目標に向かってくれる、ありがたい存在です。

１人より２人、３人と力が集まれば、大きな力になります。

競技のパフォーマンスにもつながっていく大切な力なんです」

次の目標も金

レースの最中には、母や息子、サポートしてくれている人たちの顔がうかぶことがある。

コーチでもある夫は、バイクや自転車で土田《つちだ》のレーサーの前を走っているので、レース中も夫の後ろ姿が見えるような気がする。

自分１人だけの力では勝つことができない。

みんなといっしょにレースで戦っている……。

家族のきずなが走ることの原動力となり、土田《つちだ》をささえ、さらに強くしていった。

過去２大会で銅、銀と着実にステップアップしてきたマラソン。

次の目標はただひとつ、「金」だ。

そのための練習も自信もじゅうぶんに積みあげて、北京大会にのぞんだ。

だが、最終日のマラソンに先がけて出場した５０００メートルで、悲劇は起こった。

ラスト500メートル付近、残り1周手前の地点で、ラストスパートに向けて走っていた前の選手たちの大きなクラッシュにまきこまれてしまったのだ。

集団の中で上位をうかがっていた土田《つちだ》。

2人の選手が接触《せっしょく》して転倒《てんとう》。

自分の横に他の選手がはりついているため逃《に》げ場がない。

一瞬《いっしゅん》のうちに土田《つちだ》も車いすごとトラックにたおれこんでしまう。

走行中の転倒《てんとう》自体はよくあることだ。

だが、さらなる悲劇が土田《つちだ》をおそう。

後ろを走っていた選手も土田《つちだ》をよけられずにつっこんできて、身体に乗りあげられてしまったのだ。

時速30キロ近いトップスピードで転倒《てんとう》したうえ、車体におしつぶされる衝撃《しょうげき》。

それはまるで、全身の骨だけが体からガクンッと前へ大きく飛びだしてしまうような感覚だった。

呼吸ができないほどのダメージをうける。

力をふりしぼってなんとか車いすから体をぬいたものの全身に激痛が走った。

身動きがとれない。

すぐに担架《たんか》で運ばれた。

無念のとちゅう棄権《きけん》

腰椎《ようつい》と肋骨《ろっこつ》骨折の重傷を負い、あおむけに固定された絶対安静のまま、日本に搬送されることになった。

無念のとちゅう棄権《きけん》。

競技人生で最大の試練だった。

４年間、最大の目標としてきたマラソンは、スタートラインに立つことすらかなわなかったのだ。

入院は２か月にもおよび、選手生命もあやぶまれ、引退することも考えた。

しかし、

「北京は不完全燃焼。このままでは終われない」

と、退院後、ふたたび走りだした。

スピードや転倒《てんとう》への恐怖《きょうふ》心は、競技に復帰することで取りはらうことができた。

また走れることの喜びをかみしめる。

そしてふたたび、過酷《かこく》なスピード練習に取り組んだ。

多いときには午前と午後の２回、40キロを走って、持久力の強化にもはげんだ。

「アクシデントがあっても、気持ちの切りかえがはやく、立ち止まらずに次の目標に向かっていける」

それが自分の強みだと、土田《つちだ》はよくわかっていた。

８年越《ご》しのスタートライン

競技復帰後、２０１０年に開催《かいさい》されたニューヨークシティマラソン。

あの北京大会でのクラッシュの原因を引き起こした選手と再会した。

結果は、彼女《かのじょ》が１位で土田《つちだ》が３位。

レース後、彼女《かのじょ》が土田《つちだ》にハグを求めてきた。

ハグにこめられた思いは、

「復帰できてよかったね」なのか「ごめんなさい」だったのか、わからない。

けれど、競技中のアクシデントとはいえ、人に大きなケガを負わせてしまった彼女《かのじょ》もまた、つらかったのだろうなと、土田《つちだ》には思えた。

そして２０１２年、ロンドン大会をむかえた。

４年前にリタイアとなってしまった５０００メートルは、６位ながら無事に完走。

ようやく８年越《ご》しで、マラソンのスタートラインにたどりついた。

「さあ、思い切っていこう」

走りだしたレースは、中盤《ちゅうばん》まで順調に進む。

だが、６人の先頭集団のなかで、ここからが勝負と思った矢先のことだった。

折り返しの後半23キロ地点で、アクシデントに見まわれる。

さしかかった左カーブで、遠心力に負けて転倒《てんとう》してしまったのだ。

ライバルたちの背中は、あっという間に遠ざかっていく。

取り残されたショックと痛みで、すぐには起きあがることができなかった。

しかし、沿道の声援《せいえん》で我に返る。

これまで乗りこえてきた苦しい日々と、家族をはじめ、ささえてくれた人たちの顔が頭にうかぶ。

とにかくゴールへ。

残る力をふりしぼってレーサーをこいだ。
必死に追いあげるも、結果は5位。
フィニッシュラインをこえたことには達成感をおぼえたが、金メダルに届かない
「不完全燃焼感」は、またも残った。

２０２０年東京大会でメダルを

そして、七度目のパラリンピックとなるリオデジャネイロ大会に出場。

「自分自身がえがいたイメージどおりのレースをして、今度こそ、納得感の得られる大会にしたい」

3位につけていた土田《つちだ》だが、最後はスパートをしかけた8台がひとかたまりとなってゴール。

トップとわずか1秒差の4位に留まった。

それでも、

「自分の力を出しきった、いいレースでした」

と、笑顔でふり返った。

２０１８年１月。土田《つちだ》はトライアスロンに転向することを発表した。マラソンの練習になると思ってはじめたパラトライアスロンの国際大会では、前年に二度、優勝している。

「やり残したことがないと言えばうそになるけれど、未知の競技であるトライアスロンに転向する決意をしました。

２０２０年東京大会でのメダルかくとくが最大の目標。

一戦一戦チャレンジしていきたい」

スイム（水泳）、バイク（自転車）、ラン（ランニング）を連続しておこなうパラトライアスロンは、リオ大会から新たにパラリンピックの正式競技に加わった。パラリンピックでは、オリンピックで実施《じっし》されている距離《きょり》の半分の長さ（スイム０・75キロ・バイク20キロ・ラン５キロ）を、座位・立位・視覚障がいの選手が、それぞれのクラスで競いあう。

車いす選手は、バイクではあおむけの姿勢になって手でこぐハンドサイクルを使う。競技としての歴史は浅いが、挑戦《ちょうせん》する選手が年々増えてきている。

真の強さとは、前向きに立ち向かうこと

自分で選び、決めたことに全力でチャレンジする土田《つちだ》。

彼女《かのじょ》は、「今」という瞬間《しゅんかん》が、どれほどだいじなものかを知っている。

「どんなにつらい出来事でも、現実からにげていては前に進めない。

真の強さとは、前向きに立ち向かうこと。

スポーツが人に勇気や力をあたえる役割を担っているなら、障がい者スポーツは、生きることの意味をより深くひとびとに伝える力を持っている」

そう信じる土田《つちだ》は、いつも新しい目標を持ち、ひたすら前へ、前へと進んでいく。

自分のためだけではない。

障がい者スポーツの発展のために何かを残すことが、これまでの競技人生をささえてくれた、たくさんの人たちに対する恩返しになると考えているから。

そして今も、東京大会への出場を目指し、日々のトレーニングにはげんでいる。

【参考文献】

『身体障がい者スポーツ完全ガイド』土田和歌子（東邦出版）２０１０年
『今を受け入れ、今を越える。』土田和歌子（徳間書店）２０１２年
『心にのこるオリンピック・パラリンピックの読みもの　１』（学校図書）２０１６年

第8章

ミュンヘンの奇跡　日本男子バレーチームの大逆転

バレーボール

ミュンヘン大会
男子バレーボール

1972年ミュンヘン大会　バレーボール男子／金

１９６４年。

はじめて日本でおこなわれた東京オリンピック。

高度成長期の国民の夢をたくされて大いに盛り上がり、選手たちは金メダル16個、銀メダル５個、銅メダル８個という大活躍《かつやく》で期待にこたえた。

なかでも国民を熱狂《ねっきょう》させたのは、テレビ平均視聴《しちょう》率66・8パーセントという大注目のなか、劇的な戦いによって金メダルをかくとくした女子バレーボール。

「東洋の魔女《まじょ》」とよばれた選手たちと「鬼《おに》」とよばれた監督《かんとく》は大会後、どこへ行っても大歓声《かんせい》でむかえられ、メダリスト祝賀パーティーでも主役だ。

その陰《かげ》で、銅メダルをかくとくしたにもかかわらず祝賀パーティーにもよばれず、くやしい思いをしている集団があった。

男子バレーボールチームである。

封《ふう》切《ぎ》りから半年で２０００万人を動員する大ヒットとなった公式映画「東京オリンピック」にも、彼《かれ》らの戦いは1カットも映し出されなかった。

女子チームにおとらないほど努力したのに、メダルもとったのに、まるで存在しないかのようなあつかいをうけてしまったのが、東京大会の日本男子バレーボールチームだった。

8年かけてゼロからチームを作る

コーチをつとめた松平康隆《まつだいらやすたか》は感じていた。

「金メダルと銅メダルで、こうもちがうのか。

いっしょに喜んでくれる人たちがいないのは、こんなにさみしいことなのか……。

今にみていろ。

いつか金メダルをとって、みんなにたたきつけてやる」

4年後のオリンピックにむけた代表監督《かんとく》就任を依頼《いらい》されたとき、松平《まつだいら》を決心させた原動力はこのくやしさだ。

「4年間では足りない。8年後だ。チームをゼロから作り直し、8年後のミュンヘンで必ず金メダルをとる」

祝賀パーティーによばれなかったのは、単純な連絡《れんらく》ミスだったことが、あとでわかった。

だが、いったん火がついた松平《まつだいら》は、もう止まらない。

松平監督《まつだいらかんとく》がまずおこなったのは、〝超《ちょう》〟のつく大型の選手を育てることだった。

当時は、小さくても身軽ですばしっこいことが日本選手の大きな利点とされていた。

「うどの大木」ということわざがある。

当時、体が大きいことは「機びんに動けない」という、あまりよくないイメージを持たれていた。

しかし、そのころ世界のトップにいたソ連（ロシア）やチェコスロバキア（チェコ）、東ドイツ（ドイツ）のチームは、身長１９０センチをこす選手が当たり前。

日本がどんなにチームワークをみがいても、圧倒《あっとう》的な体力差をくつがえすことは難しかった。

松平監督《まつだいらかんとく》は、８年間をかけて「体が大きくて、さらに身軽でよく動ける選手」を育てることにしたのである。

最強の布陣

言葉でいうのは簡単でも、それを実現するのは並たいていではない。

ミュンヘン大会　男子バレーボール

月日をかけて選ばれ、育てられていったのは次のような選手たちだ。

東京大会からの経験がある選手は、１９６センチのエースアタッカー南将之《みなみまさゆき》。

闘志《とうし》あふれるリーダー的存在の中村祐造《なかむらゆうぞう》。

１７９センチと小がらだが世界にほこるセッター猫田勝敏《ねこだかつとし》。

猫田《ねこだ》は、アタックのタイミングを後にずらす「時間差攻撃《こうげき》」や、逆に速く打ちこむ「クイック攻撃《こうげき》」のかなめ。

松平《まつだいら》はこの猫田《ねこだ》の頭脳プレーをじくに、大型選手たちとのコンビネーションによって最強のチームを作ろうとした。

チームに加わったのは、のちに「ビッグスリー」とよばれることになる１９３センチの森田淳悟《もりたじゅんご》、１９４センチの横田忠義《よこたただよし》、１９４センチの大古誠司《おおこせいじ》。

代表チームに入ったときの年齢《ねんれい》は３人とも18歳《さい》だった。

さらに、速攻《そっこう》の得意な木村憲治《きむらけんじ》、高身長ナンバーワンをほこる１９８センチの佐藤哲夫《さとうてつお》。

オールマイティな力をもつ深尾吉英《ふかおよしひで》、サーブレシーブのうまい野口泰弘《のぐちやすひろ》、ブロックで力を発揮する西本哲雄《にしもとてつお》、そしてセッター嶋岡健治《しまおかけんじ》。

この12人が、最終的にミュンヘンへ向かう日本代表となった。

松平《まつだいら》サーカス

日本男子バレーチームのトレーニング法は、常識やぶりだった。

練習時間の半分は、選手たちの体づくり。

松平《まつだいら》監督《かんとく》は、選手たちに機びんな動きを身につけさせるために、逆立ちをして歩いたり、飛び上がったりなど、まるでサーカスのようなトレーニングをさせた。

人よんで、「松平《まつだいら》サーカス」。

やっている選手たちはたいへん。

だが、見ている側は楽しくなってくるような体操だ。


基本技術の練習も徹底《てってい》的におこなった。

3か月間、レシーブの練習だけをやりつづけたこともあった。

松平《まつだいら》監督《かんとく》が編み出したのは「フライングレシーブ」。

遠くに落ちてくるボールに、体を投げだして食らいつく方法だ。

ミュンヘン大会　男子バレーボール

全身を勢いよくゆかに打ちつけるこのレシーブは選手たちの体を傷だらけにしたが、松平監督《まつだいらかんとく》はマスターするまでゆるさなかった。

東京大会のエースというプライドから、フライングレシーブに乗り気ではなかった南《みなみ》も例外ではなかった。

朝から晩まで南《みなみ》1人に対するレシーブ練習がおこなわれ、全身に傷をおった南《みなみ》はついに泣き出した。

また、オリンピックの直前練習といった真剣《しんけん》な場には、テレビや新聞記者を入れないのが一般《いっぱん》的だったが、日本男子チームはどんなときでも練習風景を公開した。

「バレーボールを一部の人の楽しみにしたくない」という松平監督《まつだいらかんとく》の思いからだった。

「日本男子バレーが何かすごいことをしているぞ」

チームの練習はさまざまなメディアに取り上げられるようになり、ひとびとに知られていった。

しまいには、ふだんの練習にも大勢のファンがつめかけるようになった。

選手たちはその応援《おうえん》を心のささえに、ハードなトレーニングにもめげずにはげみ、身軽な動きとチームワークをみがいていった。

松平監督《まつだいらかんとく》の信条はもうひとつあった。

「バレーばかになるな」

合宿のさいちゅうに英会話レッスンをしたり、海外遠征《えんせい》前に訪問先の国の歴史や文化を調べさせたり、遠征《えんせい》時には一流ホテルに宿泊《しゅくはく》し、観光もするなど、選手たちにさまざまな経験をさせたのだ。

人としても一流になってはじめて世界一の選手になれるという、監督《かんとく》の哲学《てつがく》だった。

チームづくりをはじめて4年後の1968年メキシコ大会。

ここで、日本男子チームは前回大会より1段上がった銀メダルを手にした。

おれがいいと言うまで
この技は絶対に使うな

金メダルにむけてもう1段上がるために必要なもの……。

それは、まだだれもやっていない、日本チームにしかできない必殺技。

このころ、日本チームはすでに必殺技があった。

アタッカーがセッターのすぐ前で打つ「Ａクイック」。

セッターから遠い場所で打つ「Ｂクイック」。

ミュンヘン大会　男子バレーボール

セッターの背後から打つ「Cクイック」。

ひとつのトスに複数の選手がとんでブロックをかくらんする「時間差攻撃《こうげき》」。

すでに多彩《たさい》な攻撃《こうげき》パターンをもっていた。

だが、まだあるはずだ。

「どんな変な方法でもいい、みんなで何か新しい技を考えだすんだ」

松平監督《まつだいらかんとく》の号令のもと、選手たちは日々、新しい技を研究した。


そんなある日、森田《もりた》が大学で練習していたときのこと。

クイック攻撃《こうげき》をしようと、低いトスにそなえて小さくふみこんでとんだところ、
セッターはおもいのほか高くトスを上げてしまった。ボールが落ちてくる前に着地してしまった森田《もりた》。

急いでもう一度飛んで、ボールを打った。

すると、ボールは相手にブロックされることなく、みごとに相手コートに落ちているではないか。

ミスによって攻撃《こうげき》がおくれたことが、相手に対するフェイントになったのだ。

「これだ！」

それから数十分間のうちに、５つもの新技が生まれた。

セッターとアタッカー１人でおこなう、さまざまな「１人時間差攻撃《こうげき》」だった。

この技を見た松平監督《まつだいらかんとく》は言った。

「おれがいいと言うまでこの技は絶対に使うな」

どんな内容も公表する松平監督《まつだいらかんとく》にしてはとてもめずらしい言葉だ。

日本チームの新しい必殺技「１人時間差攻撃《こうげき》」は、ミュンヘン大会の直前まで門外不出の技としてみがきあげられていったのだ。


こうして順調にチームは成長していったが、ミュンヘン大会の１年前に、戦術のかなめである猫田《ねこだ》が右腕《みぎうで》を複雑骨折し、９か月間もチームから離脱《りだつ》するというアクシデントがおこる。

だが、この危機によってたのもしく成長した選手がいる。

もう１人のセッター、嶋岡《しまおか》だった。

このように日本男子チームは選手それぞれが力をのばし、団結力をましていった。

いよいよミュンヘンへ出発のときがきた。

日本男子バレーチームは出発時、８年前にはなかった光景のなかにいた。

ミュンヘン大会　男子バレーボール

自分たちにむかってふられるたくさんの日の丸と声援《せいえん》。

チームの荷物には、勝利を祈《いの》る数十万羽もの千羽鶴《せんばづる》がずっしりと入っていた。


そんなことで金メダルはだいじょうぶ？


ミュンヘンに着いたのは、試合がはじまる約2週間前だった。

日本チームはここでまた、世間がおどろくことをする。

ミュンヘンでの最初の1週間を、遊びたおしたのだ。

練習は1日に約1時間。

空いた時間は観光やショッピングなどを楽しみ、選手たちがリラックスして過ごすことを最優先にした。

いまや注目のまとである日本チームには、「そんなことで金メダルはだいじょうぶ？」という手紙が日本から山ほど届いたが、監督《かんとく》と選手たちは平気だった。

これも金メダルにむけた、だいじなコンディショニングのうちだったからだ。

選手たちにとって、日本からの手紙も力になった。

毎日送られてくる自分あての手紙をたんねんに読んだ。

そして残りの1週間で徹底《てってい》的な練習を再開し、本番にむけてチームを仕上げた。

よゆうがあるように見えて、不安要素はいくつもあった。

「ビッグスリー」の2人、森田《もりた》と大古《おおこ》の調子が上がらない。

腰痛《ようつう》と戦っている選手もいた。

天才はだの森田《もりた》が、このときばかりは自分から練習時間外の猛《もう》特訓をおこなった。

その姿に刺激《しげき》をうけて、他の選手も気構えをあらたに追いこんでいった。

監督《かんとく》は監督《かんとく》で、セッターをもともとのかなめである猫田《ねこだ》でいくか、急成長した嶋岡《しまおか》でいくかで最後までなやみぬいた。

「猫田《ねこだ》でいく」と心に決めたのは、第1戦の3日前の夜だった。

なぜ猫田《ねこだ》に決めたのか。

それまでの2日間で、ふだんはおだやかな猫田《ねこだ》の顔つきがとてもきびしい表情に変わっていたからだ。

「おれがでる」

ボジションをうばわれていた猫田《ねこだ》の、おそろしいほどの気合があふれ出ていたのだった。

ミュンヘン大会　男子バレーボール

次のセットを失ったら、終わり

予選リーグの幕がきって落とされた。

トップギアでのぞんだ日本チームは、次々に勝利をものにした。

メダルをあらそう相手と目されていた東ドイツ戦でも木村《きむら》のサーブレシーブがさえわたった。

ブラジルには苦戦したものの、みごとなチームワークで予選リーグをトップで通過した。１人時間差攻撃《こうげき》をはじめとする日本の多彩《たさい》な攻撃《こうげき》に、相手チームたちは太刀打ちできなかった。

この勢いで決勝まで行きたい日本チームだったが、そうかんたんではなかった。

準決勝で、チームの真価をためされる戦いがくり広げられることになる。

相手のブルガリアチームは、予選リーグ最終戦で強豪《きょうごう》ポーランドを相手に大逆転勝利をして準決勝をむかえていた。

２年前の世界選手権で負けている相手でもあり、決して油断できるチームではない。

またバレーボールのように点を取り合う競技では、実力と同じくらいに、選手の心理状態が勝敗を分けることがある。

大逆転で勝ち上がって勢いづいたブルガリアは、過去最高の強敵として日本の前に立ちはだかった。

第１セット、第２セットで日本はリズムをつかめず、２セットとも落としてしまう。次のセットを失ったら、終わりだ。

第２セットを終えて集まってきた選手たちの顔には、一様に「こんなはずはない」という動揺《どうよう》が広がっている。

選手たちを見まわした松平監督《まつだいらかんとく》は、しかるかと思いきやこう言った。

「あと２時間コートに立っておけよ。そうすれば勝てるよ」

２時間コートに立つ。

それは、第３セット、第４セット、第５セットを勝ちつづけて勝利することだ。

「そうだ！」大古《おおこ》と横田《よこた》の声が重なってひびいた。

他の選手たちからも、口々に「だいじょうぶだ！」「もう一度やり直そう！」と声があがる。

重くなっていた空気がガラリと変わった。

ブルガリアの誤算

運命の第3セット。

それでも序盤《じょばん》はやはり劣勢《れっせい》だ。

松平《まつだいら》監督《かんとく》が、交代のカードをきった。

これまでベンチを温めつづけていた、31歳《さい》の南《みなみ》将之《まさゆき》と30歳《さい》の中村《なかむら》祐造《ゆうぞう》。

勝負をかけて、ベテラン2人を投入したのだ。

ブルガリアのアタッカーから強烈《きょうれつ》なスパイクが打ちこまれる。

南《みなみ》がとんでうけた。

レシーブは味方を経由して相手コートに返る。

そこから日本はリズムをとりもどした。

攻撃《こうげき》でも南《みなみ》、中村《なかむら》の存在は光った。

日本チームを研究し、「ビッグスリー」を警戒《けいかい》していたブルガリアチームにとって、

ベテランの投入は予想外。

猫田《ねこだ》に代わってセッターに入った嶋岡《しまおか》もさえたプレーでブルガリアのリズムをくずし、おもしろいように日本の攻撃《こうげき》がきまった。

松平監督《まつだいらかんとく》が「コートに立っておけ」と言った2時間後。

日本チームはフルセットの死闘《しとう》のすえ、勝利を手にした。

この戦いは「ミュンヘンの奇跡《きせき》」として、のちのちまで語りつがれることになる。

東ドイツとの決勝はその翌日。

興奮とつかれでほとんど夜もねむれなかった選手たちの体調が心配された。

なかでもビッグスリーの横田《よこた》は腰痛《ようつう》が悪化。

うつぶせでしかいられないような状態だったが、チームドクターのけんめいな治療《ちりょう》でなんとかコートに立った。

結果は3対1で勝って金メダル。

終わってみれば、日本の圧倒《あっとう》的な強さが際立ったミュンヘン大会だった。

コート上で選手たちが飛び上がって喜んでいる。

そのころ日本でも、テレビの向こうで数えきれないひとびとが喜びを爆発《ばくはつ》させていた。

日本のひとびとは、選手たちの努力を知っていた。
さまざまな方法で金メダルをめざした長い月日を知っていた。
がんばる選手たちがいて、それを見て自分のことのように応援《おうえん》するひとびとがいた。
だから、喜びは地球上で何千倍、何万倍になった。

【参考文献】
『ミュンヘンの12人』松平康隆（柴田書店）１９７２
『スポーツ歴史の検証Ｖｏｌ．１』（笹川スポーツ財団）２０１３
『スポーツ歴史の検証　オリンピック・パラリンピック　歴史を刻んだ人びと』（笹川スポーツ財団）２０１９
『近代オリンピックのヒーローとヒロイン』池井優（慶應義塾大学出版会）２０１６
「ヒーローたちの名勝負　ミュンヘンの奇跡　男子バレー・金メダル」（ＮＨＫ総合）２０１４

第9章

友情がきざまれた2色のメダル

陸上競技

西田修平と大江季雄

１９３６年ベルリン大会　陸上競技男子　棒高跳び／銀・銅

１９３２年ロサンゼルスオリンピック。

陸上競技は、跳躍《ちょうやく》競技で日本選手のメダルかくとくがあいついでいた。

三段とびで、南部忠平《なんぶちゅうへい》が前回大会金メダルの織田幹雄《おだみきお》につづく日本選手２連覇《れんぱ》をなしとげた。

大島鎌吉《おおしまけんきち》も同じ競技で銅メダルをとって、２枚の日の丸を表彰《ひょうしょう》台にあげたのだ。

この大会ではほかにも、棒高とび種目で西田修平《にしだしゅうへい》という有望選手がいた。

このころ、棒高とびではアメリカに実力のぬきん出た選手が３人いた。

アメリカのメダル独占《どくせん》が予想されていたが、選手団主将の織田《おだ》は、

「才能豊かで本番に強い西田《にしだ》がやってくれるんじゃないか」

とひそかに期待していた。

西田《にしだ》は自信たっぷり

ところが試合の直前になって、練習中の事故で西田《にしだ》がねんざしたといううわさが伝わり、織田《おだ》は落たんした。

西田修平と大江季雄

これではメダルはむりだろう……。

だが少しでも勇気づけてやろう。

そう思って競技場をおとずれ、足をひきずりながら歩いている西田《にしだ》に出会った。

「今日は、君の持っている日本記録の４メートル15をこえられれば上出来だよ」

すると、意外な返事がかえってきた。

「いや、ぼくは４メートル25をとぶつもりですよ」

「なにっ。それがとべれば銅メダルがとれるじゃないか！」

「もちろん。もしかしたら２位になれるかもしれません」

冗談《じょうだん》なのか本気なのかわからないような、自信たっぷりの西田《にしだ》の表情だ。

大江《おおえ》と西田《にしだ》は仲よし

競技を見守る仲間の目の前で、西田《にしだ》は４メートル25どころか、４メートル30をこえて銀メダルをかくとくしてみせたのだった。

選手仲間もアメリカの観客も、西田《にしだ》のこの堂々とした競技ぶりに感嘆《かんたん》した。

才能にあふれているだけでなく、どんなときにも気持ちによゆうがあり、舞台《ぶたい》が大きいほど力を発揮する強心臓の持ち主。

それが西田《にしだ》だった。

このとき西田《にしだ》は22歳《さい》の早稲田《わせだ》大学生。

若くして日本の棒高とびを背負って立つ青年だが、彼《かれ》には、ともに世界の舞台《ぶたい》に立ちたいと考えている後輩《こうはい》の存在があった。

4歳《さい》年下の、慶應義塾《けいおうぎじゅく》大学生の大江季雄《おおえすえお》だ。

西田《にしだ》は大学1年生のとき、旧制中学校（現在の高等学校）3年だった大江《おおえ》の競技を見て、「この大江《おおえ》こそが自分の後に日本の棒高とびをひっぱっていく逸材《いつざい》だ」と思った。

大江《おおえ》の独特なしなやかさをもつ美しいフォームは、西田《にしだ》にはないものだった。

そこで「卒業したら早稲田《わせだ》にこいよ」とさそったが、大江《おおえ》は熱心な働きかけのあった慶應義塾《けいおうぎじゅく》大学に進学した。

早稲田《わせだ》大学と慶応義塾大学はスポーツで競い合っており、ライバルの関係だったが、そんな出会いもあって2人の仲はとてもよかった。

大江《おおえ》にとって、西田《にしだ》はあこがれの先輩《せんぱい》だ。

「西田《にしだ》さん、西田《にしだ》さん」

と先輩《せんぱい》をしたい、折にふれて西田《にしだ》にアドバイスを求めにいく。

西田《にしだ》はそんな大江《おおえ》をかわいく思い、おしみなくアドバイスをしてやる。

練習の後に、２人で夕飯を食べに行くこともしょっちゅうだ。

２人そろってベルリンに

大江《おおえ》は、西田《にしだ》とちがって気の弱いところがあり、本番になると実力を発揮しきれずに終わることも多かった。

でも、西田《にしだ》といっしょに大会に出場するときには、のびのびと競技に打ちこめるのか、よい成績をだすことができるのだ。

もちろん、西田《にしだ》だって大江《おおえ》には負けたくない。

大江《おおえ》の好成績にいっそう発奮《はっぷん》して練習に精をだすという、一風変わった関係で友情がはぐくまれていった。

２人が公式な大会ではじめて対決したのは、ロサンゼルス大会の直前の１９３２年４月。

西田《にしだ》が4メートル10で1位、大江《おおえ》は3メートル75で3位。

このころはまだ両者の力の差は大きかった。

だが、翌年5月の日本学生陸上競技対抗《たいこう》選手権大会で大江《おおえ》は自己記録を25センチも更新《こうしん》する4メートル25をとんで西田《にしだ》を負かした。

そして1936年、2人はそろってベルリンオリンピックにいどんだ。

雨のなかの熱戦

午後4時からはじまった棒高とびの決勝は、雨による一時中断をはさんで日がかたむいてからもつづけられていた。

他の競技はすべて終わり、10万人の観客の目は棒高とびの選手たちに集まっている。

雨に冷やされた競技場は気温13度台にまで下がり、環境《かんきょう》はかなりきびしくなっていたが、観客たちの数はほとんど減らない。

選手たちの戦いがしれつをきわめていたからだ。

バーの高さは4メートル15をこえたところ。

西田修平と大江季雄

この高さに成功したのは、メドウス、セフトン、グレーバーのアメリカ選手3人、そして西田《にしだ》と大江《おおえ》の日本選手2人だ。

4年前のロサンゼルス大会と同じく、メダル争いはアメリカ選手と日本選手のあいだでくり広げられていた。

バーの高さが4メートル25に上げられると、セフトンと西田《にしだ》が1回の試技で成功、メドウスと大江《おおえ》が2回目で成功。

グレーバーが3回の試技をすべて失敗して失格。

時刻は午後8時。

このころにはすでに日の光は完全になく、競技場は照明燈《とう》に照らされていた。

照明のしたで競技をするのは、室内競技が盛んなアメリカの選手は慣れているが、日本の2人にとっては、はじめての経験だ。

バーの高さは、越《こ》えればオリンピック新記録という4メートル35。

さすがに、アメリカの2選手も日本の2選手も1回ではこえられない。

この日快調の西田《にしだ》にとっては、はじめての試技失敗でもあった。

2回目の跳躍《ちょうやく》に入る。

アメリカのメドウスが成功！　競技場ではオリンピック新記録に歓声《かんせい》があがる。

セフトン、西田《にしだ》、大江《おおえ》は2回目も失敗。

３回目も３人が失敗し、ただ１人４メートル35をとんだアメリカのメドウスの金メダルが決まった。

まだ順位が決まっていないのは３人。

勝ち負けをつけずに試合を終える

温度がますます下がるなか、選手たちは毛布やセーターをはおったりぬいだりしながら競技をつづけた。

もう一度４メートル35に挑戦《ちょうせん》するも３人とも失敗に終わり、バーは４メートル25に下げられたが、寒さとつかれのためにさっきはとべたこの高さをだれもこえることができない。

バーはさらに４メートル15に下げられた。

ここでもセフトンはとぶことができず失格。

大江《おおえ》はわずかにバーにふれたが成功して拍手《はくしゅ》をあび、西田《にしだ》は完全にバーをこえて成功。

勝負のなりゆきを見守っていたメドウスが２人にかけよって握手《あくしゅ》をもとめる。

日本選手２人のメダルかくとくが決定したのだ。

ふたたびバーが４メートル25に上げられた。

２位と３位の決着をつけるためだ。

だが、時刻はすでに夜10時をまわり、午前の予選から戦いつづけていた２人にはもう競技をする力は残っていなかった。

このため、日本選手どうしでもあり、勝ち負けをつけずに試合を終えることにしたのだった。

２人の最終記録は同じ４メートル25。

よって、２人とも銀メダルとなるはずだと西田《にしだ》と大江《おおえ》は考えていた。

しかし、大会組織委員会は、４メートル25を１回でクリアした西田《にしだ》を２位、一度失敗して２回目にクリアした大江《おおえ》を３位と発表した。

「おかしい、ルールでは試技の回数は関係ないはずだ」

と西田《にしだ》はびっくりしたが、決定はくつがえらない。

ただ、そこでだまって引き下がる西田《にしだ》ではなかった。

だいたんな西田《にしだ》の作戦

表彰《ひょうしょう》式で、2位の表彰《ひょうしょう》台に上げられそうになったとき、一計を案じた彼《かれ》は大江《おおえ》の背中をそっとおした。

「どうせ、日本人の顔なんて外国人には見分けがつかない。君が2位の表彰《ひょうしょう》台に立ちたまえよ」

自分はロサンゼルス大会で銀メダルをもらっている。

だから、今回は銅メダルでよい。

そのかわり、4年後におこなわれる東京オリンピックで金メダルをとって、金・銀・銅をそろえよう。

それが西田《にしだ》のねらいだった。

だがそこには、共にがんばってきた大江《おおえ》にいい思いをさせてやりたいという優しさもあった。

こうして表彰《ひょうしょう》式では、西田《にしだ》になりかわった大江《おおえ》が銀メダルを、大江《おおえ》になりすました西田《にしだ》が銅メダルをそれぞれ首にかけられたのだった。

銀メダルは西田《にしだ》さんなのですから

帰国した2人を、事情を知らない日本国民は大江《おおえ》を銀メダル、西田《にしだ》を銅メダルと思いこんで大歓迎《かんげい》した。

西田《にしだ》はせいせいしていたが、銀メダルをゆずられた大江《おおえ》のほうはそうはいかない。先輩《せんぱい》の言うことだからきいたけれど、どうしたものだろう……。

なやんでいると、ドイツから表彰《ひょうしょう》状が送られてきた。

大江《おおえ》の表彰《ひょうしょう》状には3位を意味するドイツ語が書いてあった。

医者でドイツ語のわかる大江《おおえ》の兄がこの表彰《ひょうしょう》状を読んで、メダル取りかえのいきさつを知った。

兄はあわてて銀メダルを持って西田《にしだ》をたずね、

「銀メダルは西田《にしだ》さんなのですからメダルを取りかえてください」

と言ったが、

「いや、ルールでは２人とも銀メダルのはずだし、ぼくにとって金メダル以外は同じなので、銅メダルでいいのです」

と西田《にしだ》はとりあわない。

結局、西田《にしだ》と大江《おおえ》で話し合ったすえ、銀メダルと銅メダルを分け合うことにした。

どのようにしたのかというと、銀メダルと銅メダルをそれぞれ半分に割り、銀メダルの半分と銅メダルの半分を強力な接着剤《ざい》でくっつけて、銀と銅でできたメダルを２つ作ったのだ。

こうして、世にもめずらしい、左右で色の異なるふしぎなメダルが誕生した。

２人の友情のあかしでもあるこのメダルを、ひとびとは「友情のメダル」とよぶようになった。

大江《おおえ》の戦死

友情のメダルを胸に

若い大江《おおえ》は、その後どんどん力をのばしていった。

ベルリン大会翌年の１９３７年にはアメリカの室内競技会にまねかれて出場し、４

西田修平と大江季雄

メートル34をとんでベルリン大会金メダリストのメドウスをやぶって優勝。

アメリカでおこなわれた別の競技会でも活躍《かつやく》し、アメリカの新聞で、

「日本人独特の力と美にあふれたフォームをもつ、棒高とびの革命児。

次のオリンピックでは大江《おおえ》が優勝するだろう」

と書かれるなど、国をこえて実力を認められていった。

しかし、１９４０年に予定された東京大会は、ひらかれなかった。

第２次世界大戦が勃発《ぼっぱつ》し、日本は大会開催《かいさい》を返上、他の国も戦争にまきこまれてオリンピック開催《かいさい》が不可能になってしまったからだ。

西田《にしだ》も大江《おおえ》も従軍し、戦争にかりだされた。

１９４１年、大江《おおえ》はフィリピンのマニラ占領《せんりょう》作戦のため、日本を出港した。

船の上で大江《おおえ》は、

「これをはいて、マニラの競技場で練習するんだ」

と持ってきたスパイクシューズを見せながらうれしそうに話したという。

だが、彼《かれ》が思いうかべていた練習は実現しなかった。

島に上陸する直前、大江《おおえ》は敵の銃弾《じゅうだん》を腹にうけ、戦死したのだ。

大江《おおえ》をみとったのは、同じ部隊にいた医者の兄だった。

27年の短い生涯《しょうがい》を、大江《おおえ》は軍艦《ぐんかん》の上で終えた。

西田《にしだ》は、激戦のなかを生きのびて１９４５年の終戦をむかえた。

１９５１年、西田《にしだ》は41歳《さい》になっていたが、インドのニューデリーでおこなわれた第1回アジア大会にコーチ兼《けん》最年長選手として出場し、戦争中のブランクがあったにもかかわらず銅メダルをかくとくした。

まわりもおどろくこの快挙の裏には、「大江《おおえ》の分まで」という強い思いがあったにちがいない。

彼《かれ》はその後も後輩《こうはい》の指導などで日本の陸上競技の発展につくし、87歳《さい》まで生きた。

西田《にしだ》は晩年になってからも、大江《おおえ》との思い出話をよく語っていたという。

かがやきつづける友情

「友情のメダル」のエピソードは海外にも広まり、おおくのひとびとの知る物語となった。

当時とちがい、現在のオリンピックではきびしくルールがさだめられ、ルールのとおりに順位が決定してメダルが授与《じゅよ》されるので、西田《にしだ》と大江《おおえ》の２人がおこなったようなことはもう起こらない。

だからこそ「友情のメダル」は、戦前のオリンピックのエピソードを伝えるものとして、そして２人の選手の友情をあらわすものとして、現代のひとびとに強い印象をきざみつづけている。

【参考文献】

『日本のほこるスポーツマン（私たちのほこり：９）』中村彰祥一郎（東西文明社）１９５６
『中学時代一年生３』（旺文社）１９５８
『オリンピック　ヒーローたちの物語』大野益弘（ポプラ社）２０１２
『近代オリンピックのヒーローとヒロイン』池井優（慶應義塾大学出版会）２０１６

第10章

戦火に散ったオリンピックの英雄と、愛馬の強い絆

馬術

西竹一

1932年ロサンゼルス大会 馬術大賞典障害飛越/金

今から約90年前。

1932年、アメリカ・ロサンゼルスでオリンピックが開催《かいさい》された。

そこで、一躍《いちやく》有名になった日本人選手がいる。

当時、オリンピックの華《はな》とたたえられた馬術競技「大賞典障害飛越《ひえつ》」。

その競技で愛馬ウラヌスを駆《か》って優勝し、金メダルの栄冠《かん》にかがやいた、西竹一《たけいち》だ。

西は華族《かぞく》の家柄《いえがら》に生まれ、男爵《だんしゃく》（バロン）の爵位《しゃくい》を持っている。

だから人は西を「バロン・ニシ」とよんだ。

たくみな騎乗《きじょう》と持ち前の社交性で、アメリカ人の持っていた日本のイメージを好意的なものに変えた。

現在まで、日本が馬術競技でかくとくした、ただひとつの、そして最高のメダル。

それをなしとげた西とウラヌスは、運命的な強いきずなで結ばれていた。

だが、不幸な時代が、オリンピックの英雄《えいゆう》を、悲劇へと導いてしまった――。

1932年8月14日。ロサンゼルス大会最終日。

オリンピックの最後をかざる大賞典障害飛越《ひえつ》が、10万人もの大観衆でうまるメインスタジアムでおこなわれた。

大賞典障害飛越《ひえつ》は、馬術競技でもっとも難しく、また華《はな》やかな種目だ。

この競技の勝者こそ、名誉《めいよ》ある真のオリンピックチャンピオンとしてたたえられた。

障害馬術とは

競技に参加したのは、アメリカ、日本、メキシコ、スウェーデンの４か国・11組の人馬たち。

そのなかに、30歳《さい》の西竹一《にしたけいち》中尉《ちゅうい》の姿があった。

馬をたくみにあやつる馬術は、ヨーロッパの貴族のたしなみから発展した競技だ。

だが、日本での馬術は大日本帝国《ていこく》陸軍が軍務のために主導していたため、代表選手は全員が軍人だった。

障害馬術は、競技会場に設置されたさまざまな障害物を、決められた順番どおりに飛びこえて走行する競技だ。

できるだけミスなく、決められた時間内にゴールすることが求められる。

脚《あし》をぶつけて障害物を落としたり、不従順（馬が障害物の前で止まったりよけたりすること）や、規定タイムをこえたりすると、減点される。

チェンバレンの活躍《かつやく》

ロサンゼルス大会の競技コースは、広々としたスタジアムを縦横に使い、全長１０５０メートルにおよんだ。

大小19もの障害（木でできた柵《さく》や、水をはった水濠《すいごう》）が並べられた、とても難しいコースだ。

なかでも第10障害は、高さが１・６メートルもある。

そのため、失敗する選手が相次ぐ。

試合は大あれとなった。

地元アメリカの金メダル候補、チェンバレン少佐が障害を飛び越《こ》すたび、スタンドからは大きな拍手《はくしゅ》と歓声《かんせい》がわきおこる。

第５障害の横木を落とし、第６・第13障害では水濠《すいごう》に脚《あし》をふみいれるなどの失敗はあったものの、減点「12」のすばらしい成績でゴールした。

だれもがチェンバレンの優勝を確信する。

西竹一

そんななか、次の選手・西《にし》が愛馬ウラヌスに乗ってあらわれた。

つやつやとした栗色《くりいろ》の、ひときわ大きく立派な馬体を目にすると観衆はどよめいた。

西《にし》は、落ちついた駈歩《かけあし》で競技場を一周する。

そして、スタートの合図の旗がさっとふりおろされた。

まずは第1障害を、整った歩調から流れるように、さっそうと飛びこえる。

第2障害から先も、スピードを落とさず大きな歩調で力強く飛んでいく。

障害物を飛びこえる時、本来、馬は前脚《あし》を折り曲げる。

だが、ウラヌスは前脚《あし》をのばした格好で飛ぶ。

この姿勢で障害物に引っかかると、バランスをくずして人馬とも転倒《てんとう》してしまうおそれがある。

人も馬も、相当な勇気と技術が必要なスタイルだった。

手綱《たづな》を思いきり短く持った西《にし》。

ウラヌスの首を正面の障害に向ける。

ぐんぐんせりたて、背中をおす。

飛び越《こ》す瞬間《しゅんかん》、まるで馬の首にまたがっているように見えるほど大きく前に乗りだした。

西とウラヌスは名コンビ

ふつうなら、勢いあまって着地の時に馬から放りだされてしまうところだが、西《にし》は太ももでしっかりとウラヌスの胴《どう》をはさんで体勢をくずさない。

柔道《じゅうどう》と剣道《けんどう》の有段者でもあった西《にし》は、とくに腰《こし》の幅《はば》が広く、足も長いという、馬に乗るには理想的な体型をしていた。

大きな馬体のウラヌスと、脚力《きゃくりょく》の強い西《にし》が完成させた、独自のダイナミックな乗り方だ。

西《にし》のたくみな手綱《たづな》さばきで、ウラヌスの迫力《はくりょく》ある堂々としたジャンプがつづいた。第6障害の幅《はば》5メートルの水濠《すいごう》では、わずかに後脚《あし》が水につかったものの、第8障害のバンケット（台）も軽々とクリアする。

そして、いよいよ最難関の第10障害。

ユーカリの枝を積み重ねた上に、さらに横木がわたしかけられたもので、その形と高さにひるむ馬が多かった。

さすがのウラヌスも、黒々としたモンスターのような障害におどろいたのか、ふみきる前に左にはずれて止まってしまった。

会場からは、ため息とあきらめの声が上がる。

すると西《にし》は、すばやく反転すると、ウラヌスの首をふたたび障害に向けて、勢いよく助走した。

ぜったいに、この障害を飛びこえよう――。

西《にし》の強い決意がウラヌスに伝わる。

思いきり高く飛んだウラヌス。

後脚《あし》をひっかけないよう腰《こし》を右にひねり、横木との間によゆうをじゅうぶんのこして、飛びこえた。

大成功だ。

そして、残りの障害もすべてみごとに飛び越《こ》してゴールすると、大観衆は総立ちとなり、大きな拍手《はくしゅ》を西《にし》とウラヌスにおくった。

減点は、わずか「8」。

チェンバレン少佐をぬいて1位に立った。

完走できたのは、11選手中わずか5選手のみ。

激戦ののち、

「優勝、バロン・タケイチ・ニシ、ジャパン」

と発表されると、

「バロン・ニシ、バロン・ニシ！」

と合唱のような祝福の声がとどろいた。

この時代、世界は戦争に向かいつつあり、アメリカは、満州に進出した日本と対立していた。だが、そんな日本の軍人である西《にし》に対しても、金メダルにふさわしい跳躍《ちょうやく》に、アメリカの観衆は心から賞賛の拍手《はくしゅ》をおくったのだった。

ウィー・ウォン

表彰《ひょうしょう》式では、ふたたびウラヌスに騎乗《きじょう》した西《にし》が表彰《ひょうしょう》台に立った。

メインポールに大日章旗がひるがえり、５００人のバンドが奏でる「君が代」がスタジアムにひびきわたった。

優勝直後、つめかけた新聞記者に、英語が得意な西《にし》は、

「ウィー・ウォン！（We won!）」と語った。

「これは、私たちの勝利です。どうぞウラヌスをほめてやってください」

「I（私）」ではなく「We（私たち）」。

つまり「自分とウラヌス」でつかんだ勝利なのだ。そう西《にし》は愛馬をねぎらった。

ところが日本の記者は、「We（私たち）」を「われわれ日本人」と思いこみ、「われわれ日本人が勝利した」と記事にしたのだった。

男爵《だんしゃく》（バロン）の称号《しょうごう》を持ち、英語が堪能《たんのう》な「バロン・ニシ」は、たちまち世界の英雄《えいゆう》となった。

現地の新聞・ロサンゼルスタイムズには、ウラヌスの細長い顔にほほをよせる笑顔の西《にし》の写真が一面に大きく掲載《けいさい》され、ロサンゼルス市長からは名誉《めいよ》市民の称号《しょうごう》がおくられるなど、大歓迎《かんげい》をうけた。

西《にし》は、当時の日本人男性としては長身の1メートル75センチ。

髪《かみ》型もおしゃれで、馬に乗る時の軍服や、鞭《むち》、ブーツなどの馬具は、すべてフランスの高級ブランドの特注品だ。

まだめずらしかったラジオ付きのオープンカーを現地でポンと購入《こうにゅう》すると、毎日これに乗って馬場やパーティ会場へおもむいた。

ひときわ派手で目立つ西《にし》は、社交界で大きな話題となり、ハリウッドの大スターたちとも友好の輪を広げたのだった。

９月８日、同じく好成績を残した水泳選手たちオリンピック選手団とともに横浜《よこはま》港に着いた西《にし》は、特別仕立ての列車で東京にもどった。

東京駅は、出むかえる歓迎《かんげい》の旗の波でうまった。

みな大きな声で「万歳《ばんざい》！」をさけぶ。

そして、宮城（皇居）前広場を通り、二重橋前まで騎乗《きじょう》パレードを行った。

まさに、栄光に満ちた、英雄《えいゆう》の帰還《きかん》だった。

年少時から異才を示す

「バロン・ニシ」こと西竹一《にしたけいち》は、１９０２年、東京・麻布《あざぶ》に生まれた。

父・徳二郎《とくじろう》は、明治時代に外務大臣などを務めた功績《こうせき》によって爵位《しゃくい》（男爵《だんしゃく》）をさずけられていた。

10歳《さい》の時に父が亡くなると、竹一《たけいち》少年は莫大《ばくだい》な財産と爵位《しゃくい》を引きついだ。

軍人の道に進んだ陸軍幼年学校3年の時。

はじめて馬に乗り、馬術にのめりこむと、陸軍士官学校騎兵《きへい》科で馬術の基礎《きそ》を教えこまれた。

技能をみがき、自信をつけた西《にし》。

フランス産の名馬アイリッシュボーイに騎乗《きじょう》して、高さ2メートル10センチの横木障害の飛越《ひえつ》に成功した。

そのころ、2メートルをこえる高さを飛びこえた騎手《きしゅ》は世界にほとんどいない。

すごい記録だった。

ウラヌスとの出会い

世界最高の名馬に乗りたい——。

そんなすぐれたパートナーを求めていた西《にし》に、運命の出会いがおとずれた。

「イタリア人でも乗りこなせない、とんでもない馬がいる」

イタリアに留学していた今村少佐から、連絡《れんらく》をうけたのだ。

今村は、ともにロサンゼルス大会に出場した、西《にし》の恩師である。

すると西《にし》は6か月の休暇《きゅうか》をとり、すぐさまイタリアに出向いた。

ロサンゼルス大会の2年前のことだ。

大柄《おおがら》で、気性のあらいその馬は、イタリア陸軍の騎兵中尉《きへいちゅうい》が所有していたのだが、あまりのじゃじゃ馬ぶりをもてあましていたという。

「私が探していた馬は、これだ!」

体の高さが1メートル81センチもあり、四肢《しし》の筋肉も発達した巨大《きょだい》な馬を一目見るなり、西《にし》はすっかり気に入った。

その感動を、

「聞きしにまさる大きさで、びっくりした。

またがってみると、これはまた駱駝《らくだ》といってもよいくらい」

と、妻・武子への手紙にしたためた。

陸軍からは予算が下りなかったため、かなりの高額を自分で支はらい、譲りうけることにした。

この馬こそ、「ウラヌス」だ。

根気よく心を通わせた

ウラヌスとは、太陽系の惑星《わくせい》「天王星」を指す。

額の部分に、星とよばれる白い模様があったのでつけられた、雄大《ゆうだい》な名前だ。

ウラヌスは、たしかに能力の高いすばらしい馬ではあった。

だが気性がはげしい。

西《にし》の言うことは、なかなか聞かなかった。

根気強くきびしい調教を重ね、飛越《ひえつ》が成功すると首すじをなでたりニンジンをあたえたりしてよくほめた。

そして、自在に乗りこなせるようになったウラヌスとコンビを組んで、一流の騎手《きしゅ》や名馬が参加するヨーロッパ各地の馬術大会に出場すると、数々のよい成績をおさめ、「この馬なら、いける」と自信を深めた。

帰国後、西《にし》は東京・世田谷《せたがや》の騎兵《きへい》第一連隊にもどり、ウラヌスは千葉県習志野《ならしの》の騎《き》兵《へい》学校にあずけられた。

その40キロの距離《きょり》を、西《にし》は毎日、調教と練習にかよった。

そして2年後、オリンピック日本代表としてロサンゼルスにおもむいた西《にし》とウラヌスは、息の合った、まさに人馬一体の華麗《かれい》なジャンプで、世界中のかっさいをあびることとなったのだ。

ウラヌスのおとろえ

ロサンゼルス大会で優勝した西《にし》は、次の活躍《かつやく》を期待された。

４年後の１９３６年ベルリン大会への出場。

だが結果は、あまりよいものではなかった。

西《にし》は総合馬術個人で12位。

ウラヌスに騎乗《きじょう》した障害飛越《ひえつ》個人では20位にとどまった。

障害飛越《ひえつ》団体で、参加18か国中、日本は６位だったが、西《にし》は競技中に落馬し、棄権《きけん》となってしまった。

コンディションの調整が馬術競技の難しいところだが、このころのウラヌスは、年《ねん》齢《れい》的におとろえが見られたのもたしかだった。

晩年までおぼえていた西の足音

ベルリン大会の後、西《にし》は本業の軍務にもどった。

しかし、馬に乗る騎兵《きへい》の時代は終わった。

物資を運ぶ軍馬の代わりに、車両の開発が進んだのだ。

西《にし》が、馬から戦車へ乗りかえたのは、仕方のないことだった。

１９３９年に開戦した第２次世界大戦で、しだいに日本は苦境に立たされていく。

１９４４年、西《にし》は硫黄島《いおうとう》へ赴任《ふにん》することとなった。

硫黄島《いおうとう》は、東京からおよそ１２００キロもはなれた南の孤島《ことう》だ。

ここを攻《せ》め落とされると、日本本土へ空爆《くうばく》に向かうアメリカ軍に利用されてしまうので、なんとしても守らなければならなかった。

戦車の補充《ほじゅう》のため、いったん東京へもどった西《にし》は、東京・世田谷の馬事公苑《ばじこうえん》をおとずれた。

余生を過ごしていたウラヌスに会いに行ったのだ。

この時、ウラヌスは24歳《さい》。

人間の年では、もう１００歳《さい》をこえている。

すっかり弱々しくなったものの、ウラヌスはかつての主人の足音をおぼえていた。

すぐに気づくと、脚《あし》をふみ鳴らして大喜びする様子を見せた。

西《にし》以外の騎手《きしゅ》を、けっして背中に乗せようとはしなかったウラヌス。

きびしくも愛情をたっぷり注いでくれ、ただ１人の主人と認めた西《にし》と久しぶりに会えたうれしさに、首をすりよせて甘《あま》える。

そして、好きな気持ちがあふれて、西《にし》の腕に何度もやさしくかみついた。

馬の最大の愛情表現だ。

西《にし》も、ウラヌスの頭を愛おしむようになでつづけた。

おたがいに、これが最後のお別れだと察したのだろう。

たとえ言葉はなくても、ともに長い時を過ごし、挑戦《ちょうせん》をつづけてきた西《にし》とウラヌスの間には、心が通じあうたしかなきずながあったのだ。

ウラヌスのたてがみの一部を切りとり、ポケットにそっとおさめた西《にし》は、小笠原《おがさわら》兵団の戦車第26連隊の指揮官として硫黄島《いおうとう》へ向かった。

ここには馬はいない。

だが、愛用の籐《とう》の鞭《むち》を手にし、かかとに拍車《はくしゃ》のついた乗馬ぐつを身につけていた。

西《にし》の、馬術家としてのほこりがうかがえる。

硫黄島《いおうとう》の激戦

１９４５年２月。

アメリカ軍がついに硫黄島《いおうとう》に上陸。

島の地形が変わってしまうほどのはげしい攻撃《こうげき》をつづけた。

約１か月にわたる激戦の末、日本軍の戦死者はおよそ２万人にのぼり、西《にし》も帰らぬ人となった。

この時、アメリカ軍が、

「オリンピックの英雄《えいゆう》バロン・ニシ、出てきなさい。

君は立派に軍人としての責任をはたした。

君を失うことは、あまりにもおしい。
われわれはあなたを、尊敬をもってむかえる」

とよびかけたというエピソードが、戦後の日本に広まった。

たしかな証拠《しょうこ》はないものの、ロサンゼルス大会での西《にし》の勇姿《ゆうし》を知る者にとっては、ふしぎではない話だ。

生命のかがやき

胸のポケットに、お守りのように大切に、愛馬ウラヌスのたてがみをしのばせていた西《にし》。

その西《にし》が亡くなってから1週間後。

まるで主人のあとを追うかのように、ウラヌスも静かに息をひきとった。

西《にし》とウラヌスの写真や映像は、モノクロ（白黒）のものしか残っていない。

だが、人と馬の魂《たましい》がひとつに結びついた華麗《かれい》な跳躍《ちょうやく》はあざやかで、生命のかがやきはいつまでもあせることはない。

西竹一

【参考文献】

『オリンポスの使徒――「バロン西」神話はなぜ生れたか』大野芳（文藝春秋）１９８４

『硫黄島とバロン西』（ビジネス社）２００６

『決定版　夢をそだてるスポーツ感動名場面１０１』（講談社）２００８

『オリンピック　ヒーローたちの物語』大野益弘（ポプラ社）２０１２

『心にのこるオリンピック・パラリンピックの読みもの　３』（学校図書）２０１６

（北海道大学馬術部ホームページ）

［編著］
大野益弘（おおの・ますひろ）
ノンフィクションライター・編集者。株式会社ジャニス代表。日本オリンピック・アカデミー理事。日本スポーツ芸術協会理事。福武書店（現ベネッセ）などを経て編集プロダクションを設立。筑波大学大学院終了。著書に『オリンピック　ヒーローたちの物語』（ポプラ社）など多数。

［執筆］
美甘玲美（みかも・れみ）
筑波大学大学院人間総合科学研究科スポーツ健康システム・マネジメント専攻修了。日本オリンピック・アカデミー会員。スポーツ・旅行系出版社、シンガポール邦字紙等を経て、フリーライターとして執筆活動中。

［執筆］
宮嶋幸子（みやじま・さちこ）
横浜市立大学卒業。三起商行（ミキハウス）に入社し、月刊誌や絵本の出版に携わる。その後、編集プロダクションで取材・執筆のノウハウを学び、2001年よりフリーライターとして活動。企業広報誌等に執筆多数。

ブックデザイン　小口翔平＋喜來詩織（tobufune）

10分で読める
オリンピック・パラリンピック物語4
信頼と情熱

2020年3月　初版
2020年6月　第2刷

編　著　　大野益弘
執　筆　　美甘玲美　宮嶋幸子
写　真　　フォート・キシモト
発行者　　岡本光晴
発行所　　株式会社あかね書房
〒101-0065　東京都千代田区西神田3-2-1
電　話　　営業（03）3263-0641　編集（03）3263-0644
印刷所　　中央精版印刷株式会社
製本所　　株式会社難波製本

NDC916　199ページ　22×16cm

ISBN 978-4-251-09607-4
落丁・乱丁本はお取りかえいたします。定価はカバーに表示してあります。
https//www.akaneshobo.co.jp

10分で読める
オリンピック・パラリンピック物語

世界の頂点

羽生結弦［フィギュアスケート］／長野冬季大会 スキージャンプ団体［スキージャンプ］／高橋尚子［マラソン］／北島康介［競泳］／アベベ・ビキラ［マラソン］／アントン・ヘーシンク［柔道］／カール・ルイス［陸上競技］／ウサイン・ボルト［陸上競技］／国枝慎吾［車いすテニス］／伊調馨［レスリング］

永遠の友情

内村航平［体操］／京谷和幸［車いすバスケットボール］／チーム朝原［陸上競技］／リオ大会 卓球日本女子チーム［卓球］／上野由岐子［ソフトボール］／東洋の魔女［バレーボール］／なでしこジャパン［サッカー］／平昌大会 カーリング女子［カーリング］／平昌大会 パシュート日本女子［スピードスケート］／アテネ大会 体操男子日本チーム［体操］

譲れぬ激闘

吉田沙保里［レスリング］／谷（田村）亮子［柔道］／葛西紀明［スキージャンプ］／水谷隼［卓球］／平野歩夢［スノーボード］／成田真由美［パラ水泳］／橋本聖子［スピードスケート・自転車］／羽根田卓也［カヌー］／前畑秀子［競泳］／人見絹枝［陸上競技］

信頼と情熱

リオ大会 男子リレーチーム［陸上競技］／デューク・カハナモク［競泳］／小平奈緒とイ・サンファ［スピードスケート］／高橋礼華と松友美佐紀［バドミントン］／上村愛子［スキー］／西方仁也と24人のテストジャンパー［スキージャンプ］／土田和歌子［車いすマラソン］／ミュンヘン大会 男子バレーボール［バレーボール］／西田修平と大江季雄［陸上競技］／西竹一［馬術］

絶望と復活

瀬戸大也と萩野公介［競泳］／浅田真央［フィギュアスケート］／ジム・ソープ［陸上競技］／古橋廣之進［競泳］／円谷幸吉［マラソン］／佐藤真海［パラ陸上］／山下泰裕［柔道］／ベラ・チャスラフスカ［体操］／ジェシー・オーエンス［陸上競技］／金栗四三［マラソン］